政宗が殺《け》せなかった男

秋田の伊達さん

古内泰生
FURUUCHI Yasuo

現代書館

政宗が殺《け》せなかった男

はじめに

米沢城、夏刈城、郷六《ごうろく》城、千代《せんだい》城、小泉城、松森城、嶋崎城、柿岡城、そして横手《よこて》城。

その男は、これら九つの城に住み、米沢城以外はその城主あるいは城代を務めた。その期間は天文二十二（一五五三）年から元和元（一六一五）年までの約六十二年間で、現在の行政範囲でいうと、山形県、宮城県、茨城県、そして秋田県に及ぶ。更に、武将として活動した範囲は、宮城県、福島県、山形県、茨城県、秋田県、岩手県南部で、遠く大阪にも足跡がある。

ところが、これだけ行動したことが分かっているのに、彼には実体がないのである。皆無と言ってもよい。文献の中に、自筆と思われる家臣に宛てた一通の書状の写真を見つけてはいるのだが、他には本人の画像も、遺物も、位牌も、墓すらもない。あるのは、彼を非難あるいは批判している記録だけで、江戸時代になってから著された仙台藩伊達氏の正史『伊達治家記録《だてじかきろく》』が最も批判的に書いているような印象を受ける。

考えてみれば、「正史とは支配者の行為を正当化するための歴史書」であるという説からすれば、敵視する対象者を悪く書いてあるのは当然で、だから、それを鵜呑みにしてはいけないということになる。

他の文献にしても、『伊達治家記録』を基にして書かれている場合が多く、したがって彼の評価はどこでもすこぶる悪い。しかし、調べれば調べるほど、それらの評価にはどこか納得できないところがあり、不運なことに資料が少ないことも相俟って、結局彼はこれまで誤ったイメージで語られてきていたのであって、実像はそれとは異なっていたのだと思われるようになった。

その男の最終的な名乗りは、伊達《だて》三河守《みかわのかみ》盛重《もりしげ》という。仙台藩祖独眼竜伊達政宗《まさむね》の叔父である。

昭和六十二（一九八七）年に放送されたＮＨＫ大河ドラマ『独眼竜政宗』では、イッセー尾形が気弱で優柔不断な盛重像を演じていた。しかし、このドラマの原作者山岡荘八にしても、脚本のジェームス三木にしても、当然『伊達地家記録』を参考にしていたはずだから、伊達盛重のイメージがそのようになるのもむべなるかなである。

私は、自分のルーツを調べていて偶然彼に出会った。それは、平成二十（二〇〇八）年十二月頃だったと思う。宮城県内で発行している『楽園倶楽部』という月刊ミニコミ紙に、私は「むしばのつぶやき」という表題のエッセイ欄を持たせていただいている。そこに載せる題材を探していた私は、早速その第三回に「秋田の伊達さん」という題名で盛重のことを書くことにした。前述したように、資料もほとんどない状態だったので、三、四回で終わらせるつもりだったのだが、何のことはない、現在まで五年以上も連載することになってしまった。本人の、直接の資料がないということは、その姿を浮かび上がらせるために、その人物を取り巻くあらゆる資料を渉猟しなければならないのだということに気付いたときには、既に深みにはまってしまっていた。

長期間、資料を集めて読み込んだり、現地に取材に行ったりして調査するうちに、五年前に書き始めた頃に理解し、納得して文章にしていた内容が間違っていたことに気付いたことは数え切れない。また、同一の出来事や人物等について、繰り返し述べざるを得ないことも沢山あった。それは、「その内容については、以前の記事を読んで下さい」とは言えない事情による。読んだら捨てられるのが基本のミニコミ紙で、長期間同一のテーマでエッセイを書いていることの弊害とでも言えようか。

今回、縁あって本稿を一冊にまとめていただくことになったので、改めて一回目から読み返し、内容が間違っている所や、言葉が足りない部分について、加筆訂正を施したが、形式はエッセイのままにした。それでもなお、辻褄の合わない所や、明らかな誤りがあれば、それは偏に私の責任である。素より、日本史や郷土史を専門にしている訳ではないので、とあらかじめ言い訳をしておこう。

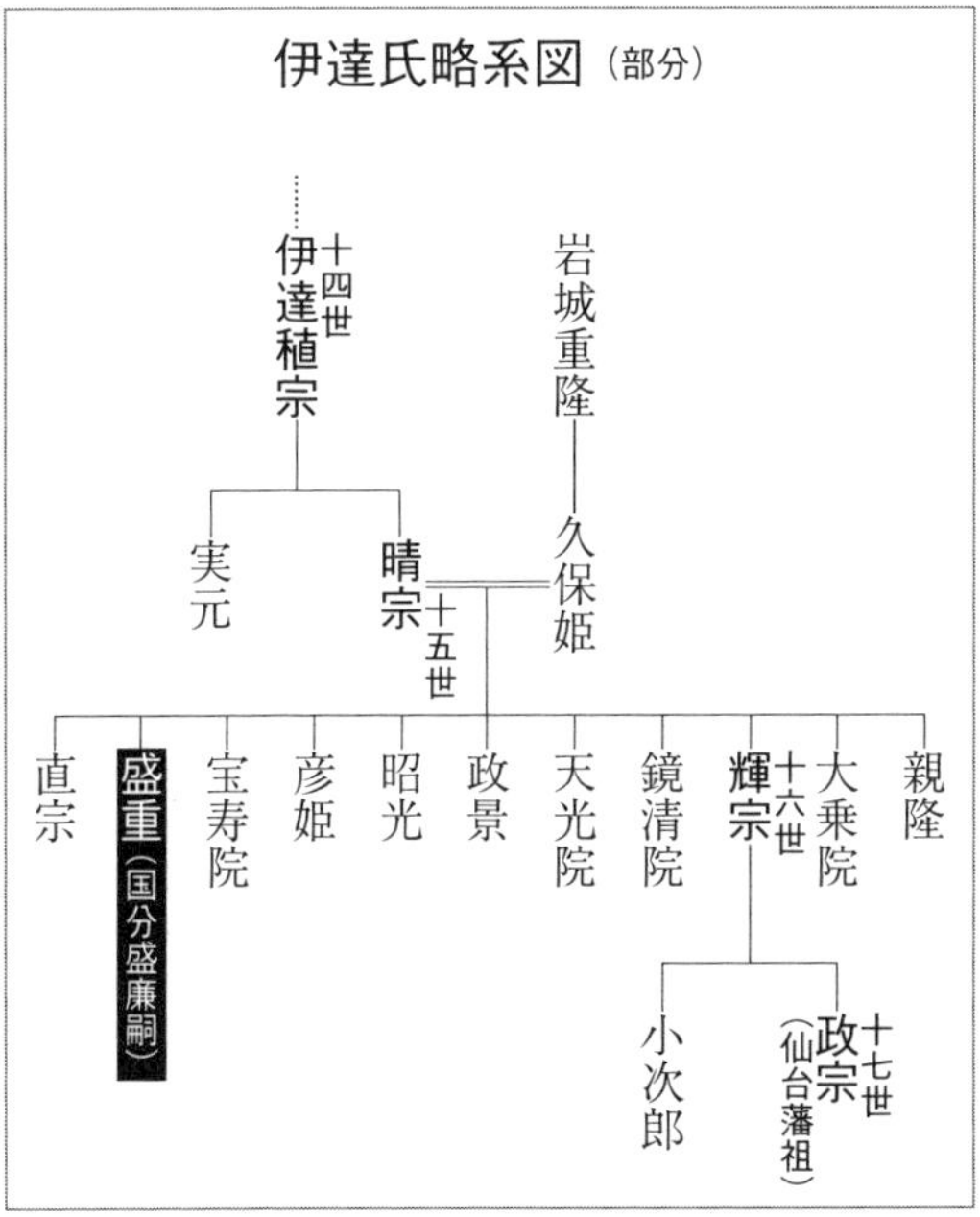

では、このエッセイを書くきっかけになった私のルーツ探索はどうなったのかと言うと、それは五年間置き去りのままである。

彼の最終的な名乗りは伊達三河守盛重

であったと書いたが、時代と環境に従って名前が変化している。しかし、名前を変えた時期をはっきり特定することは難しいので、便宜的に以下のように名乗りの時期を設定した。

生誕から元服の頃まで　伊達彦九郎
元服期から国分《こくぶん》氏入嗣まで　伊達政重
国分時代から常陸国亡命まで　国分（能登守）盛重
常陸国から出羽国横手城で死去するまで　伊達（三河守）盛重

ただし、概括的に述べている部分では、ときに応じて伊達盛重または国分盛重の名前を用いている。
なお、本書に掲載した写真は、すべて、取材のため現地を訪れた際、私自身が撮影したものである。

政宗が殺《け》せなかった男＊目次

女たちの戦い

秋田の伊達さんへの道・詳説……141

奥羽・坂東略図

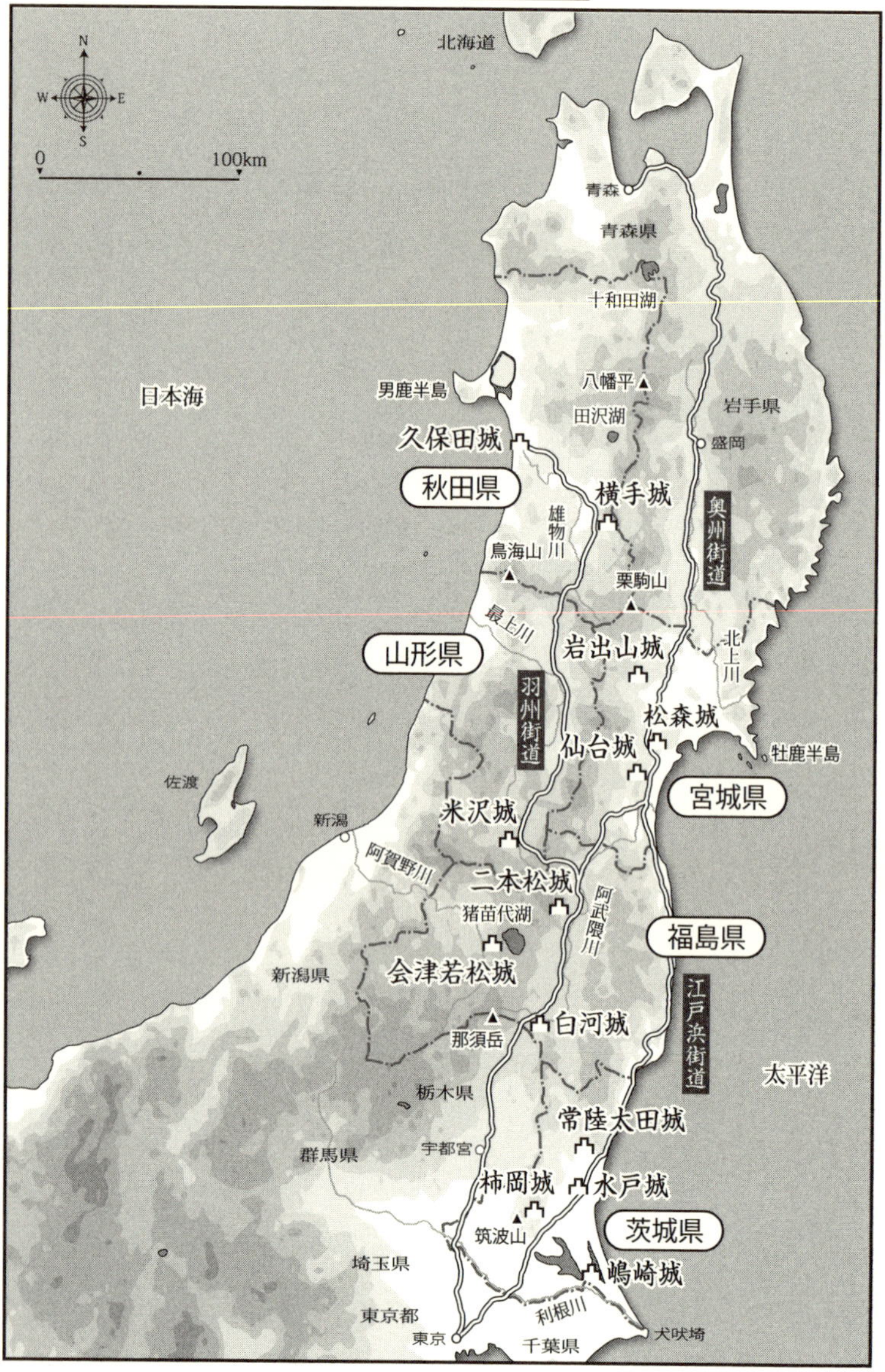
北海道
N
W
E
S
0
100km
青森
青森県
十和田湖
八幡平
男鹿半島
日本海
岩手県
田沢湖
久保田城
盛岡
秋田県
横手城
奥州街道
雄物川
鳥海山
栗駒山
最上川
山形県
岩出山城
北上川
羽州街道
松森城
仙台城
牡鹿半島
佐渡
宮城県
新潟
米沢城
阿賀野川
二本松城
阿武隈川
猪苗代湖
福島県
新潟県
会津若松城
江戸浜街道
那須岳
白河城
太平洋
栃木県
常陸太田城
宇都宮
群馬県
柿岡城
水戸城
筑波山
茨城県
埼玉県
嶋崎城
利根川
東京都
東京
千葉県
犬吠埼

伊達盛重の生涯

伊達盛重概論

戦国末期という動乱の時代、その武将ほど数奇な人生を送り、しかも、戦場で討ち死にするのが当たり前のようなこの時代に、畳の上で死去したという意味では、天寿を全うしたと言っても良い人物は少ないのではないだろうか。

簡単にその人生をたどってみると、有力者の家系（1）に生まれながら、嫡子（2）ではなかったために他家（3）へ養子に出され、紆余曲折の末に本家を継承した甥（4）に攻め滅ぼされ、自分の姉の婚家（5）に亡命し、そこで義兄と甥（6）に取り立てられて復活し、その一門の有力者（7）として晩年を迎えた、ということになろうか。実はその武将こそが久保田藩の伊達氏の始祖で、最終的な名前を伊達《だて》三河守《みかわのかみ》盛重《もりしげ》という。

この名前を聞いて、それが誰のことかすぐに分かる人は宮城県の郷土史に相当詳しいと言っても差し支えないだろう。また、（1）から（7）までの固有名詞を正確に言えたらパーフェクトである。以下に解答を示す。（1）はもちろん奥羽の覇者伊達氏、（2）は兄の伊達十六世輝宗《てるむね》、（3）はその当時仙台平野の支配者だった国分《こくぶん》氏、（4）は仙台藩祖伊達十七世政宗《まさむね》、（5）は常陸国に拠って北関東を支配した源氏の本流である佐竹《さたけ》氏、（6）は佐竹義重《よししげ》、義宣《よしのぶ》父子（7）は佐竹氏の家格で言うと一門格の「引渡二番座」である。

さて、この武将は伊達盛重と名乗っていたのだが、その名乗りが一般的になるのは、居城であった松森城（現在は「鶴ヶ城址」となっている、仙台市泉区七北田《ななきた》）を政宗軍に攻められ、影武者を立ててその隙に城を出奔し、姉を頼って常陸国に亡命し、佐竹氏に仕官してからのことである。

伊達盛重は、天文二十二（一五五三）年三月十日伊達十五世晴宗《はるむね》の五男として米沢城で生まれた。初名は彦九郎、後に政重《まさしげ》と称した。一方、鎌倉時代以来約四百年間仙台平野に勢力を誇ってきた国分氏では、この頃度々争乱があって勢力が衰えてきた。そこで国分氏は家を立て直すために、陸奥国守護職として仙台平野にも勢力を伸ばしてきた伊達氏から、国分十七代盛廉《もりかど》の娘婿として政重を迎えることにした。それが天正五（一五七七）年十二月のことで、政重は二十四歳、改名して国分能登守《のとのかみ》盛重と称した。そして、この盛重の入嗣によって名門国分氏は事実上伊達氏に乗っ取られ、結果的には滅亡への道をたどることになる。

『伊達治家記録《だてじかきろく》』によれば、「盛重政事宜しか

松森城址遠景

米沢城址

らず」として謀反の疑いをかけられ、国分氏最後の居城松森城が伊達軍に攻められて国分氏が滅亡したのは文禄五（一五九六）年のことであった。だから、盛重には伊達氏に対して遺恨があったはずなのだが、佐竹氏に臣従してからは、正式に出自の家名である伊達氏を称している。

そこには理由があると思われるが、本書ではその辺りの事情を様々な方面から検討し、ややもすると姿が見えない伊達盛重の復権を図りたいと思っている。奥羽の覇者と言われている伊達政宗が、最終的に奥羽の戦国バトルに勝利した陰で犠牲になった盛重は、いわば抹消されてしまったのだが、実はしぶとく命脈を保っていたのである。

厳密に言うと、伊達三河守盛重は佐竹氏の一門ではない。外戚筋に当たる。盛重は、ともに伊達十五世晴宗を親とする一歳年上の姉（後の宝寿院《ほうじゅいん》）が佐竹十八代義重の正室になって、秋田久保田藩祖佐竹十九代義宣《よしのぶ》の生母となった縁もあって、亡命してきた外様であり冷遇されて当然だったのだが、義宣の母方の叔父として佐竹一族の扱いを受けて、後に一門格の「引渡二番座《ひきわたしにばんざ》」の地位に着いたものと思われる。盛重の佐竹氏での地位は、姉の力のおかげであったという見方もあるが、はたしてそうだろうか。

佐竹氏は、出羽国に国替えになった慶長七（一六〇二）年五月当初は安東秋田氏の旧城であった土《つち》崎湊《ざきみなと》城を居城としたが、ほどなく（慶長八年五月）義宣が現在の秋田市内（神明山《しんめいやま》）に窪田《くぼた》城（後に久保田城）を築城して、以後本拠となった。転封直後の秋田地方では、新領主佐竹氏への反発から、各地で土豪一揆や反抗が頻発した。そのため義宣は領内の要所に支城を設けて一門や譜代の重臣を配置し、軍事的に制圧するとともに民政にあたらせた。盛重もその一翼を担い、国替え当初は横手《よこて》城代となって秋田南部の治安にあたり、ついにはその城で生涯を終えた。

ところで、末期養子の制度ができるまで、江戸時代初期の大名家では藩主の急死によるお家断絶が相次いだ。現代の企業によく似ているように思うのだが、主家が断絶（つまり会社が倒産）すれば当然家臣（社員）は失業することになる。だから大名家に限らず武家社会では、自分が仕える主家の家名の存続が最も重要な問題であり、DNA鑑定などもなかった時代だから、当主の血統の純粋さはさほど重視されなかった。直系の跡取りがいなければ、分家や一門の家の中から跡目を決めるのが当然とされていたのは、当主家の存続第一というよりは、むしろ家臣たちが孫子の代までも失業しないようにするための方便だったと言ってもよい。

その事情は秋田久保田藩佐竹氏でも、また伊達盛重も同様だった。佐竹氏の場合、秋田の初代藩主である義宣の跡を継いだのは、義宣の同母弟で

久保田城址

横手城、二の丸の模擬天守

岩城《いわき》氏の養子となった貞隆《さだたか》の長男義隆《よしたか》であったし、明治維新のときに藩主だったのは、相馬中村城主益胤《ますたね》の第三子義堯《よしたか》で、佐竹分家の佐竹壱岐守義純《よしずみ》の婿養子となってから佐竹宗家の跡取りになったものだった。

では伊達盛重の場合はどうだったであろうか。亡命してきた盛重には嗣子がなかったために、横手城で没したのちに秋田の伊達氏を継承したのは、佐竹氏の一門筆頭である東義久《ひがしよしひさ》の三男、五郎宣宗《のぶむね》であった。この時点で、秋田における伊達氏そして国分氏の血統は完全に絶えてしまい、家名だけが残ったということになるのだが、実は盛重には国分盛重と名乗っていた頃、つまり国分氏が松森城で伊達政宗軍に攻められたときには、三男三女の実子と一人の庶子がいたのである。

盛重亡命後の国分氏

東義久の三男五郎宣宗を養子として迎えて、秋田の伊達氏の跡継ぎとした時点で、血統的には秋田の伊達氏は途絶えたことになるのだが、清和源氏の本流である佐竹氏に連なることになり、出自が藤原氏（藤原北家山蔭中納言流《ふじわらほっけやまかげ》）と伝えられる宮城の伊達本家よりも、武家の血筋としてはかえって優れたものとなったと言えよう。

では、その後の国分氏はどうなったのであろうか。国分能登守盛重が故あって実の甥である伊達政宗の軍勢に松森城を攻められて、結果的に滅亡したのは、江戸時代に書かれた『奥羽永慶軍記』が示唆する慶長四（一五九九）年のこととされ（紫桃正隆《しとうまさたか》説）、私も以前にはそのように受け取っていた。

しかしこれに対して、土居輝雄著『佐竹史探訪』によれば、それは天正十九（一五九一）年のこととされ（出典「佐竹家譜」「羽陰史略」）、『仙臺市史』によれば文禄五（一五九六）年三月のこととされている。一方、盛重が佐竹義宣を頼って常陸国に亡命した後、嶋崎城主を経て柿岡城主となったのが慶長五（一六〇〇）年四月頃であることは佐竹氏の史料上明確なので、紫桃正隆説の慶長四年の亡命はその前年のこととなり、時間的に無理があると思われる。また、天正十八年十月に起こった葛西大崎一揆に際して、盛重は天正十九年六月の宮崎城攻めに一軍を率いて伊達軍団の一翼を担っており（「伊達秘鑑」）、それが佐沼城の合戦を最後に政宗によって鎮定されるのが同年七月のことであった。そして、この年の九月には岩出山城が完成して、政宗は居城を米沢城から移しているので、この年には国分氏を攻めるだけの物理的（軍事的）余裕はなかったろうし、また盛重の軍功に報いこそすれ、攻め滅ぼす口実はなかったとも思われる。したがって、松森城の合戦は、文禄五年三月のこととするのが一番無理がないと思われるので、本稿ではその説をとることにする。

いずれにしても松森城の合戦は伊達軍の奇襲攻撃で始まり、多勢に無勢、遂には城兵は「一人も残らず討死す」と伝えられている。そし

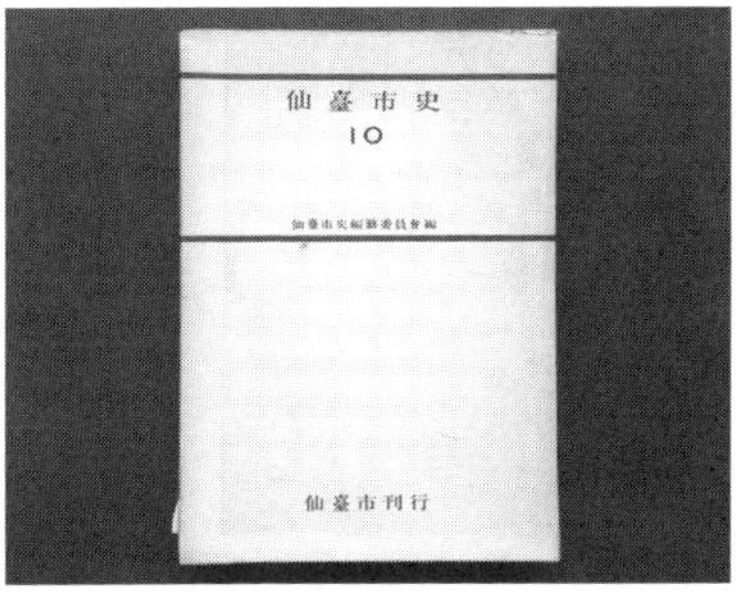

『仙臺市史』

『奥羽永慶軍記』

て、盛重は佐竹義重に嫁いだ姉（宝寿院）を頼って常陸国に落ち延びたのだが、後には三男三女の実子と一人の庶子が残された。このうち、長女は国分氏の一門であった古内主膳実綱《ふるうちしゅぜんさねつな》に既に嫁いでいた。『奥羽永慶軍記』によれば実綱も松森城の合戦で戦死しているはずなのだが、実際にはその後浪人となっただけで、義理の弟に当たる盛重の末子の小四郎を養子として育てた。これが後の古内主膳重広で、「若年より騎術を良くし、慶長十三（一六〇八）年二十歳のとき、騎手として貞山公（政宗）に召出され……のち義山公（二代忠宗）の守役となり」、忠宗の襲封後奉行職に就任、後に国老として着坐に列せられ、岩沼要害一万六千石を領知し、万治元（一六五八）年七月「義山公の死去に臨み殉死」した（二代忠宗は、仙台藩二代藩主の意）。その嗣子が重安（重広の娘の子供）で、結局国分氏の血筋は代々の岩沼古内氏によって受け継がれ、近年では、衆議院議員で防衛政務次官となった古内広雄《ひろお》が出た。

伊達盛重略年譜

もとより日本史を専門にしている訳ではないから、古文書を直接読解する能力はない。だから、それらの古文書を一級史料とすると、それを基に研究者がまとめて読みやすくなっている史料や、更に小説などに仕立てた下級史料の方が読みやすく、勢い自分の資料として拝借することになる。面白さで言えば、下級史料のほうが抜群であるが、胡散臭さも人一倍と言えよう。それは私についても同様で、だから想像を交えた論理の飛躍なども、素人なるが故に大いに許されるものと勝手に思っている。

ご容赦願いたい。

そこで、再び伊達盛重のことである。つまり、なぜ盛重が当主のときに国分氏が滅亡し、その盛重がなぜ佐竹氏の元で伊達氏として再生できたのだろうか、ということを考えてみたい。まず伊達盛重に関連する事項について、時系列で記してみよう。

一．天文二十二（一五五三）年三月十日、伊達盛重は、陸奥守護職伊達十五世晴宗の五男として米沢城で生まれる。初名彦九郎、元服して伊達政重と名乗る。母は岩城《いわき》重隆《しげたか》の女久保姫（後の栽松院《さいしょういん》）。

二．天正五（一五七七）年十二月、二十四歳の伊達政重は国分十七代盛廉《もりかど》の娘に配されて国分氏に入嗣（天正十五年頃に盛重と改名）。この年十一月には、伊達十六世輝宗の嫡子で盛重には甥にあたる梵天丸《ぼんてんまる》（十一歳）が元服し、伊達氏中興の祖である九世政宗の名前を継いで藤次郎政宗と名を改める。また、偶然か、十二月五日には父親の伊達晴宗が享年五十九歳で死去している。

整理すると、天正五年十一・十二月のわずか二カ月の間に、政宗が元服して事実上輝宗の後継者となり、晴宗が死去し、盛重が国分氏に婿入りさせられているのである。これは何かを暗示しているように思われる。

三．天正十二（一五八四）年九月二十八日、伊達政宗が伊

栗ノ須古戦場

達本家の家督を相続し、十七世となる。年齢は弱冠十八歳であった。

四．天正十三年十月八日、盛重の兄で、政宗の父親の伊達輝宗が、二本松城主畠山義継《よしつぐ》に安達郡高田原で謀殺される。享年四十二歳。この事件は「粟ノ須の変事」と言われ、誰が輝宗を殺害したのか、その後どうなったのか諸説がある。一説では、政宗は輝宗の初七日の十月十五日に二本松城を攻め、畠山義継を殺害して父輝宗の仇を討った（『仙臺市史』）。この説では、義継は十月八日には二本松城に生還していたことになる。別の説は、畠山義継も輝宗と共に高田原で討たれていて、だから政宗が十月十五日に二本松城を攻めたのは、畠山氏に対する単なる意趣返しだったというものである。

五．天正十三年十一月十一日、政宗は仙道人取橋《せんどうひととりばし》に八千の軍勢を率いて出陣し、佐竹・芦名の連合軍三万と激戦する。この八千の軍勢の内、三百騎は国分盛重の部隊であったと言われている。人数の上では勝てる見込みの少ない戦闘に政宗は勝利するのだが、その裏には謀略が働いていたとも言われている。

米沢城

六．天正十五年、この年、国分氏の家中に、内容は不明だが騒動が起きた。四月二十五日、伊達家の老臣伊東肥前重信が政宗の命によって国分領に入り、調停に当たった。しかし、なかなか騒動は収まらず、政宗は十月十六日には小山田筑前頼定に軍勢を預けて武力で鎮定しようとした。「驚いた」国分盛重は「米沢に参上し、罪を謝」したが、「家中は兎角静まらず、然りとも（政宗は）終に攻めたまわず」（『伊達治家記録』）と、このときは何とか政宗に攻められずに凌いだとされている。

この記録によれば、盛重は訳も分からずただ慌てふためいていて、政宗は家中を治められない無能な叔父をかばって鷹揚に構えているような書き方をしている。ところで、この「騒動」についての出典が、伊達政宗の治世を伊達氏の側から記録した、伊達氏の正史『伊達治家記録』であることには注意する必要がある。

先にも述べたように、そもそも正史とは、支配者がその支配の正統性を示すための歴史書だから、事実を支配者に都合の良いように改竄して記録されているか、都合の良いことだけを記録していることが多いと言われている。鵜呑みにしてはいけない由縁である。それは『伊達治家記録』にしても同様であろう。

だから、この盛重像は嘘である可能性がある。

七．天正十七（一五八九）年六月、二十三歳の伊達政宗は、佐竹義宣の実弟で蘆名《あしな》氏を継いだ蘆名義広と磐梯山麓の摺上原で戦ってこれを破り、会津黒川城に入った。

同年十一月、政宗は須賀川の二階堂氏を滅ぼし、叔父の石川昭光等を降伏させ、会津四郡・仙道七郡を併せて威を奥羽に振るうようになる。この件については、後に詳述する。

『伊達治家記録』

八．天正十八年四月四日、豊臣秀吉の軍が小田原城を包囲した。四月七日、『伊達治家記録』によれば、伊達政宗が弟小次郎を殺害したことになっている。六月九日、政宗は小田原で関白秀吉に初めて拝謁。そして、秀吉の「関東奥羽両国惣無事令《そうぶじれい》」以後も、会津、岩瀬、安積《あさか》の三郡を略取した政宗は、居城としていた会津黒川城と共にその三郡を没収され、七月に再び米沢城に移った。十月、葛西大崎一揆が起こり、政宗は一揆に加担したと疑われた。

天正十九年二月四日、政宗は金箔を貼った磔柱を立て、白装束に身を包んで京の関白秀吉のもとに赴き、自分の身の潔白を弁明して危機を乗り切ったが、伊達氏発祥の地伊達郡外六郡を更に没収され、代わりに、まだ平定していない一揆で荒れ果てた葛西大崎《かさいおおさき》の十三郡を与えられた。このとき国分盛重は伊達成実《しげざね》と共に、政宗と不和になった蒲生氏郷《がもううじさと》が、名生《みょう》城から会津に帰国するための人質となっている。

九．天正十九年七月、宮崎城、佐沼城の合戦で葛西大崎の一揆勢は掃討されたが、伊達軍の将に国分盛重の名前が見える。そして同年九月、岩手沢城が完成し、伊達政宗は米沢城から大崎の地に移って、地名を岩出山と改めた。

十．文禄元（一五九二）年一月五日、伊達政宗は朝鮮出兵の途についた。翌文禄二年三月十五日、

佐沼城址
2500人余が撫で斬りされた。『成実記』に「城中の死者余り多く、人に人かさなり土の色は何も見え申さず候」とある。

肥前名護屋から朝鮮に渡り、釜山・蔚山と転戦し、岩出山に帰ってきたのは文禄四（一五九五）年になってからだった。この朝鮮出兵には、国分盛重は従軍していない。

十一．文禄五（一五九六）年三月、伊達政宗は叔父国分盛重が反逆したとしてこれを討ち、盛重は自分の姉宝寿院の嫁ぎ先である常陸国の佐竹義重を頼って落ち延び、嶋崎城主とされた。そのときに盛重に従って亡命した家臣は、八十三騎もいたと言われている。そしてその四年後の慶長五（一六〇〇）年四月に、伊達盛重は八郷《やさと》の柿岡城の城主とされた。

十二．時が前後するが、慶長三（一五九八）年八月十八日、豊臣秀吉が死去している。そして、慶長五年九月、関ヶ原の戦いが起こり、政宗は十月五日に伊達郡で西軍の将上杉景勝の軍勢と戦闘を交えた。

十三．この慶長五年十二月二十四日に、政宗は宮城郡千代《せんだい》の地名を仙台《せんだい》と改め、翌慶長六年四月十四日、元国分氏の居城であった仙台城を新たに普請して岩出山城から移った。国分盛重を討ってから五年後、岩出山城を本城としてからわずか十年後のことである。新たに仙台城を居城としたのは、一説では、徳川家康の「百万石の御墨付き」によって、伊達郡などの旧領を回復したときに、ちょうど領国の中心となるのが仙台だったからという理由であったと言われれている。

十四．慶長七年、伊達盛重は、佐竹氏の突然の出羽国への

仙台城大手門脇櫓（復元）

国替えに随行して横手《よこて》に入り、横手城代となった。

十五．時は移るが、慶長十九（一六一四）年十一月、大坂冬の陣の今福合戦で、伊達盛重は佐竹軍の先鋒の大将をつとめた。冬の陣には政宗も軍勢を率いて参戦しており、盛重は、伊達忠宗の守役となっていた末子の古内小四郎重広と、大坂で出会っていたかもしれない。

十六．元和元（一六一五）年七月十五日、横手城にて伊達盛重没。享年六十三歳。嗣子は佐竹一門の東家からの養子左門宣宗《のぶむね》であった。

伊達盛重の兄弟

伊達盛重は、元和元年七月十五日、波乱に富んだ生涯を出羽国の横手城で終えた。享年六十三歳。一方、伊達政宗は、寛永十三（一六三六）年五月二十四日、江戸桜田の仙台藩邸において死亡した。享年七十歳。

盛重の生年は天文二十二（一五五三）年で、政宗の生年は永禄十（一五六七）年だから、この二人は叔父・甥の関係ではあるが、年齢差はわずかに十四歳であったことに注目しておきたい。

寄り道になるが、ここで少し時間を遡って伊達政宗の祖父晴宗《はるむね》の子供たち、即ち伊達盛重の兄弟たちについて整理しておこう。

盛重の兄で伊達十六世を継いだ輝宗《てるむね》は、温厚な性格で家臣の人望を集めていたと言われている。実績としては、伊達稙宗《たねむね》以来の懸案であった南奥羽十一郡余を所領におさめ、佐竹氏、蘆《あし》名《な》氏、相馬氏、最上氏らとの国境を画定したことが挙げられる。しかし、輝宗は晴宗の長男ではなかった。

伊達晴宗と正妻久保姫（後の栽松院、岩城重隆の娘）との間には、六男五女の子供があって、輝宗は次男であった。

長男は親隆《ちかたか》。天文六（一五三七）年生まれで、生まれる前（天文三年）から晴宗と岩城重隆《いわきしげたか》との約束によって久保姫の生家岩城氏の養嗣子とされていた。そのために伊達氏の家督を相続したのが次男の輝宗（天文十三年生）で、永禄七（一五六四）年、二十歳のときだった。三男が政景《まさかげ》（天文十八年生）で、政略によって留守顕宗《るすあきむね》の養子となり、永禄十年、名門留守氏を継いだ。年齢は十八歳だった。四男が親宗《ちかむね》（天文十九年生）で、永禄十一年に岩城の石川晴光の養嗣子となって昭光《あきみつ》と名乗った。年齢はこれも十八歳だった。五男が政重《まさしげ》（天文二十二年生）で、前に述べたように、天正五（一五七七）年に国分《こくぶん》氏に入嗣して、後に盛重と名乗った。このとき、年齢は二十四歳であった。そして六男が直宗《なおむね》（生年不詳であるが永禄三年頃生か）で、天正五年に杉目《すぎめ》氏を継ぎ、父晴宗死去後に母栽《さい》松院《しょういん》（久保姫）と共に杉目《すぎのめ》城（福島城）に住んだ。年齢は十

杉目（福島）城址（現・福島県庁）

岩城大館城址

八歳前後だったと思われる。しかし、天正十二（一五八四）年に夭折し、嗣子がなかったために杉目氏は断絶した。

長男の親隆は例外として、伊達氏を継承した次男輝宗から六男直宗まで、政重を除いてすべて二十歳までに家督を継いでいる。輝宗でいえば、元服したのが天文二十四（一五五五）年、十一歳で、他の兄弟もほぼそれくらいの年齢で元服していよう。元服すれば一人前の武将として初陣を飾り、嫡男以外は手柄を土産に他家へ養子となるのが伊達氏のような大名のならいであった。だから、政重のように二十四歳まで部屋住みの生活を続けるのは、当時としては珍しいことであったと思われる。紫桃正隆氏も、著書の中で「盛重は……結婚適齢期はすでに過ぎていた」と書いている。

何故だろうか。理由は二つしか考えられない。一つは「盛重に何らかの欠格事由があって、養子に行けなかった」、もう一つは「晴宗あるいは輝宗に何らかの思惑があって、盛重を手元に置いておきたかった」、のどちらかだったのではないだろうか。

第一の理由は、盛重がその後国分氏を継いでいるため、結果的には否定される。では、第二の理由が正解なのだろうか。それは、天正五年十一月、十二月の出来事と、前の略年譜で記したことを合わせて、推理するしかない。

伊達政重の国分氏への入嗣

伊達氏が陸奥守護職として北上してくる前、仙台平野の支配者は国分氏であった。支配領域は宮城郡、名取郡、黒川郡に及び、その城館も郷六城から千体城《せんたい》（後の千代城《せんだい》・仙台城《せんだい》）・小泉城そして松森城へと時代と共に西から東へと仙台平野を移転している。

国分氏のルーツには諸説があるが、代表的な「平姓」説によれば、鎌倉御家人千葉介《ちばのすけ》平《たいらの》常胤《つねたね》の五男胤通《たねみち》が文治五（一一八九）年の平泉征伐の際に、源頼朝に従って戦功があり、国分荘三十三郷と名取郡を合わせて四千貫を給与され、仙台平野に土着したのが始まりと言われている。したがって、そこを国分氏の出発点とすれば、伊達氏が勢力を伸ばして国分氏に圧倒的な圧力をかけてきて、ついには滅亡する十六世紀末まで、約四百年間、仙台平野の支配者であった。

四百年も続けば、当然内情は腐敗してくる。国分氏の家中では、永正三（一五〇六）年、有力親族である松森氏の叛乱が起こり、また、伊達氏と結んだ長年にわたる仇敵留守氏との小鶴沼合戦に敗れるなど、徐々に衰退していくことになる。伊達政重が国分氏に入嗣した頃には、国分家中は親伊達派と反伊達派に分裂し、既に末期症状を呈していた。

さて、ここからは私の勝手な推理である。

この当時の記録のほとんどは、後年伊達氏によって残されたものである。したがって、当然伊達氏に都合の良いような書き方をされているだろう。また、伊達氏にとって不利な記

郷六城址（大手口）

録は削除されたり、国分氏などの他家の記録は意図的に破却されたりもしているだろう。そのためもあってか、国分氏に関する記録は少なく、あっても正当な評価がされていないような印象を受ける。

だから、伊達政重の婿入りから国分氏の滅亡に至る謎についても、相当想像力を働かせる必要があるだろう。その謎を解く鍵は、どうも政宗にありそうである。

既に述べたように、政宗が生まれたとき政重（彦九郎）はまだ十四歳であった。共に米沢城に生まれ、高畠の夏刈城で育てられ（紫桃正隆氏説）、成長してからは米沢城に住んでいたはずだから、半ば兄弟のように暮らしていたのではないだろうか。政宗四歳の元亀二（一五七一）年、突然不幸が彼を襲う。よく知られているように、政宗は疱瘡（天然痘）に罹り、右目を失明してしまった。当時天然痘の根本的な治療法はなく、片目を失っただけで済んだのは、実はむしろ幸運だったと言えよう。

このとき隠居していた晴宗も十六世を継いでいた輝宗も、当然伊達氏の後継者について考えないはずはなかった。歴史的には、政宗は片目を失っただけで命は助かっているから、そのときの伊達家中の混乱についてはあまり注目されていないが、政宗の疱瘡の件は伊達氏存亡の重大事件だったと想像される。つまり、疱瘡に罹った時点で政宗は既に死んだものとされていたはずだ

夏刈城址（夏刈熊野神社口）

から、最悪の場合には、この機に乗じて佐竹氏や蘆名氏などが攻撃してくることも充分考えられた。もしもそのような隣国とのいくさが起こったときに、晴宗、輝宗が倒されるような事態に至ったならば、伊達氏を継承できるのは、この時点では十八歳になっていた政重だけではなかったか。

だから、天正五（一五七七）年十一月に政宗が元服して、ようやく輝宗の後継者として周囲が認めるようになった翌十二月に、二十四歳の政重はやっと国分氏に入嗣させられたのではないだろうか。全くの偶然とは言えないタイミングではあろう。

松森城の合戦はなぜ起こったか

また、次のような密談が仮に行われていたとすれば、国分氏滅亡の謎にも合点がいく。以下は当然フィクションである。

「叔父御、宮城をわしにくれぬか？」

文禄四（一五九五）年六月、岩出山城の対面の間に入るなり、下座に平伏している盛重に向かって、政宗は立ったまま言い放った。氏の長者とはいえ、かつては米沢城で兄弟同様に暮らし、兄も同然の、今は国分氏の当主である盛重に対して、その所領をよこせと言うのである。その姿は、もはやあの梵天丸ではなく、佐沼城で二千五百人余を撫で斬りにし、弟小次郎を自ら刺し殺した独眼竜のものであった。政宗の唐突な申し出に、盛重は絶句した。確かに、国分家中は近年混乱を極め、内部抗争の末にいつ分裂してもおかしくない状況にあるから、自然に瓦解するのは時間の問題だと盛重も思ってはいた。盛重は返答に窮していた。

　しばらくの沈黙の後、政宗は上段にドッカと座った。左右には、盛重の兄で岩切城主である留守《るす》政景《まさかげ》と、側近の片倉小十郎が控えている。

「御館様、それは国分の領地を差し出せということでしょうか」

　ようやく口を開いた盛重の問いには答えず、政宗は話し始めた。

「天正十九年に岩出山に城を構えてから、何かと京・大坂に上ることが多くなったのは叔父御も知っていよう。太閤殿下の命で、大崎に国替えになったのは、身から出た錆とはいえ止むを得ぬことであった。じゃが、上方に出仕するには山に寄った岩出山では何かと不便なのだ。千代（仙台）なら一日上方に近い。また海にも近い」

岩出山城本丸跡
政宗像が建っている。

千代城遺構（土塁）

仙台から岩出山までは、直線距離で約五十キロメートルあり、この時代の軍勢の移動には丸一日かかる。政宗はその利を言っている。また、文禄の役で朝鮮を転戦した政宗は、海運の重要性にもいち早く気づいていた。

「しかし、いかに家中を押さえ切れていないとはいえ、国分伝来の領国を御館様にむざむざ取り上げられては、それがしの国分家中での立場がございません。まして、譜代の国分侍が素直に承知するとは思えません」

と、盛重が苦しげに言うと、政宗は、

「それよ。そこで留守叔父御と小十郎とも話したのじゃが、国分とは一戦交えようと思う。なに、はかりごとじゃ」

「なんと。では、兄上も承知のことか。小十郎、おぬしもか」

と盛重は声を荒げて言った。

「能登守様、気を鎮めてまず我らの話しを聞いてはくれませぬか」

小十郎が話し始めた。

「まず断っておきますが、能登守様には決して悪いようにはいたしませぬ。それがしは御館様のお側で能登守様の弟のようにして暮らした仲、是非それがしを信じていただきたい」

「それは承知しておる。しかし、一戦を交えるとなれば、多勢に無勢、負け大将のわしと一族郎党の命はないのが戦国の世の習いであろう」

と盛重が言うと、小十郎がさえぎって、

「能登守様、つまりこたびのいくさは、国分家中の反伊達の国人衆をあぶりだし、誅するためのものでござる。能登守様の将たる器量は、御館様も我らも皆充分承知しております。が、国分はもうもたないのは明白。今が潮時ではありますまいか」

片倉小十郎が続けて話し始めた。

「このいくさでは、松森の城攻めをいたします。能登守様には、御自身の御近習をまとめられて、落ちる仕度をしていただければ宜しかろうと存じます。大手筋から攻めかかりますが、頃合いを見計らって、能登守様には影武者（宮城弟四郎）を立てていただき、その隙に二の丸の搦め手から落ちていただきたい」

「しかし、落ちると言っても周りは御館様の御支配地、逃れようがないではないか」

松森城は、仙台市泉区七北田《ななきた》から宮城野区岩切へ向かう街道沿いの松森字内町の集落北側に位置する連郭式の山城で、街道から標高差約七十メートルの道をまっすぐ登って右に曲がると虎口（大手口）に至る。中世の城館としては規模が大きく、攻めるに難く守るに易い城といえよう。この時代、松森城は確かに国分氏の主城ではあったが、独立しているとはいっても国分氏は半ば伊達氏に臣従しており、支配地の周囲はすべて伊達氏の領地であった。つまり、この城を攻め落とされれば事実上逃

松森城虎口（大手口）
登った所が主郭。

げ場はないことになる。

盛重は、国分氏の領地や支配下の国人衆が伊達氏に完全に併呑されてしまうのは時間の問題だということは理解していた。また、自分が国分氏の名跡を継ぐために伊達氏から送り込まれた代官にすぎないことも充分分かっていたし、だから自分の役割は国分家臣団のスムーズな解体と伊達家臣への移行にあることも理解していた。盛重は、自分なりにその役目を遂行するために努力しているつもりであった。

なぜ政宗が国分氏の解体を急ぐのか、盛重は訝ったが、政宗の目は広く日本全体を見、そして自分の領国を見ていた。そして、最近の太閤秀吉の衰えぶりから、近いうちに自分が中原に打って出るときが来る、そのときに備えて千代（仙台）は是非とも押さえておかねばならない要衝だと踏んでいた。

政宗はおもむろに鉄扇を上げて南を指して言った。

「叔父御、常陸はどうじゃ。温い国じゃそうな」

盛重はぎくりとした。実は、政宗が家督を相続し、仙道筋に軍勢を進めて佐竹氏や蘆名氏と戦火を交え始める前から、盛重は度々佐竹義重《よししげ》や姉（宝寿院）と極秘に書簡を交わしていたのだ。それが露見していたのかと盛重は内心恐れを感じた。

今を去る十年前の天正十三（一五八五）年、政宗は仙道人取橋で佐竹・蘆名の連合軍と戦い、盛重はそのいくさで大きな手柄を挙げているのである。もし、政宗の言うように常陸国に落ちれば、表向きはかつて刃を交えた敵将に身柄を預けることになる。政宗は盛重の思惑には一向に気を留める様子を見せずに続けて言った。

「叔母上（宝寿院）には既に文をしたためた。また義重殿と義宣《よしのぶ》殿には、此度京で会うて叔父御のことを話した。今では伊達も佐竹も太閤殿下の臣になって、人取橋《ひととりばし》も摺上原《すりあげはら》もかつての合戦は遠い昔のことでござるよ。佐竹では、叔父御を喜んで受け入れ、城を与えると約束してくれておる。不思議なことに、義重殿は何でも承知しておられるようであった」

と言って、政宗は隻眼を光らせて盛重の顔を覗き込んだ。

小十郎が続けた。

「能登守様には充分な従者を連れられて、ゆるゆると佐竹へ参られたら宜しいでしょう。我々は手出しはいたしませぬ。ご心配の退路については、松森から千代、名取へ出て、海沿いを通っていただき、相馬領から岩城を通って浜街道沿いに常陸へ入れば御身は無事でございましょう」

周到な計画であった。政宗にとっては念願の宮城、名取の両郡が手に入る上に、親伊達の国分侍が新たに家臣団に組み込める（後の「国分衆」）。また、仙台湾の富と海運の便はすべて伊達の物となり、後年「貞山堀《ていざんぼり》」として知られる運河の建設も意中にあったに違いない。

貞山堀
左手が太平洋。東日本大震災の津波ですべてが流され、運河だけが残った。

政宗にとって、上方と岩出山との往復の際に通過する千代（仙台）は、実質上既に伊達氏の支配下にあったものの、約四百年間国分氏の所領であった。そして、そこは未だに国分氏の家臣の国人衆の勢力が強く、伊達氏の力が隅々まで及ぶという状況にはなかった。慶長六（一六〇一）年一月に政宗は仙台城の普請を始めるのだが、その前年の関ヶ原の合戦に際しては、西軍の上杉景勝を奥州に引きつけておく役目を担い、刈田郡の白石城や伊達郡で景勝の軍勢と戦っている。このときには何かと不便な岩出山までは戻らずに、国分領内名取郡の北目《きため》城を出城にしている。

　またこの年（慶長五年）政宗は、和賀忠親が起こした和賀一揆を関ヶ原のドサクサにまぎれて煽動したため、せっかく徳川家康から贈られた「百万石の御墨付」を反故にしてしまっている。このとき新たに宛がわれることになっていたのが、刈田郡他七郡という南方面の領地であったためもあり、領国経営の必要上、急いで岩出山から南の仙台に本城を移すことにしたとも考えられる。

　いずれにしても、豊臣、徳川の強大な力を身に沁みて感じていた政宗にとって、強固な奥州の独立国を急いで作り上げるために、千代は是非とも必要な拠点であった。

　では、盛重にとってはどうだろうか。

「わしには否やは言えぬ。この話を断れば、留守（政景）兄上も（片倉）小十郎も手錬の士、この場で斬られるだけであろう。御館様は苛烈な性格故、わしを生きたままでこの館

北目城址
国分氏の家臣、粟野氏の居城。

から出しはすまい。とすれば、小十郎を信じて申し出を呑むしかあるまい」

盛重はそう心の中でつぶやいた。

しかし、名門国分氏の家名が自分の代で途絶えるのは、自分が伊達氏から入嗣しているとはいえ、いかにも口惜しかった。

「御館様。いかにもお話は承り申した。仰せの通りにいたしましょう。しかし、国分の名跡はどうなりましょうか。また、それがしの妻子はどうなりましょうか」

このとき、盛重には国分盛廉《もりかど》の娘である正妻との間に三男三女の実子と、国分院主坊天峰法印の娘楚乃《その》との間に男児がいた。

「いくさとなれば、負け大将の家名が断絶するのは止むを得ないところでありましょう。しかし、佐竹へ行かれてからは、国分を名乗られるも、または伊達に戻られるも、能登守様の御勝手でございましょう。また、負け大将の妻子は処断するのが戦国の世の習いではございますが、御館様のお許しによって、命までとることはないことをお約束いたしましょう。何よりも御館様をお信じになられることでありましょう」

と、政宗に代わって小十郎が言った。

盛重には、それが最も信じられぬことを知り抜いてはいたが、今はその道を選ぶしかないことを悟った。政宗の掌の中で自分の運命が弄ばれている。盛重は改めて背筋が寒くなるのを感じていた。

角田城址
伊達成実の居城だった。

ところで、以上のような密談が岩出山城で行われたとすれば、その時期は、政宗が文禄の役から帰って来て、再度京に上るまでの約一カ月間、即ち、文禄四（一五九五）年の六月だっただろうと私は推測している。『仙臺市史』第十巻の年表によれば、政宗が盛重を討ったとされているのは、文禄五年三月のことと記されている。一方、『奥羽永慶軍記』には具体的な日時は書かれていないが、それを底本にしている紫桃正隆氏は慶長四（一五九九）年盛重討伐説を採っている。しかし、常陸国に亡命した盛重が、慶長五年四月には柿岡城（茨城県八郷《やさと》町）の城主に任じられており、その前には行方《なめかた》郡の嶋崎城主だったとされているので、やはり松森城の合戦は文禄五年にあったというのが時期的に妥当なところと思われる。

また、文禄四年から慶長三年の間に、政宗の片腕だった伊達成実《しげざね》（藤五郎《とうごろう》）が出奔するという事件が起きた。このときには、成実の居城だった角田城を接収した屋代景頼《やしろかげより》によって、成実の妻子と家臣三十人余が討ち取られたと言われている。この事実からも、松森城攻めはやはり双方合意の下に行われた「やらせ」の臭いが強く、だから盛重の妻子が無事だったのは、政宗の「特別な配慮」の故と思われるのである。

「奥羽永慶軍記」に描かれた松森城の合戦

このようにして仙台領における国分氏は滅亡したのであろうと推測したのだが、政宗、盛重の双方が合意して事が成ったなどという記録はどこにも存在していない。

これまで再三述べてきたように、国分盛重が常陸の佐竹義重（盛重の義兄）のもとに逃れたのは、各種の史料から文禄五（一五九六）年三月が妥当と判断できるが、それを明記しているのは、私の知る限り『仙臺市史』第十巻（昭和三十一年発行）の年表のみである。私も度々引用してきた『奥羽永慶軍記』二十九巻中の「伊達三河守盛重落城の事」によれば、肝腎の日時の記載はないが、松森城の合戦については間近で見聞したように実に詳細に描いている。

このときの盛重は「小桜縅《おどし》の鎧着て、鍬形打たる冑の緒をして、薄紅の母衣《ほろ》かけて、黒き馬の逸物に打乗り」と、実に華やかな出で立ちで、「盛重も今を限りと怒りをなし、縦横に割たて、突て廻り、引退て見れば、三十余騎の兵も残り少に討れ、はや町構へ攻破られ、二の丸に寄手大勢込入れば、今は叶ふべきやうもなし」と獅子奮迅の活躍をしたように描かれている。しかし、このとき政宗軍は奇襲攻撃をしかけていて、「国分には斯くも思ひよらざる事なれば、城中の騒動夥し」く、「俄の事なれば具足着ても冑を着る隙もなく、馬に乗れども旗差物もなく大勢に馳向て、相戦」って「国分勢散々に討れたり」というような状況だったと記している。何となくおかしくはないだろうか。なぜ盛重だけが完璧な身仕

松森城本丸跡

度をしていたのだろうか。いや、できたのだろうか。『奥羽永慶軍記』の記述が百パーセント信用できるとすれば、だから政宗と盛重の間にはやはり何らかの筋書きが出来ていたと考えるのが自然だと思われる。

しかし「一人も残らず討死に」したはずなのに、例えば後年伊達氏の家臣になった古内主膳の名前が城方の武将の中に含まれている。これは単純な誤謬とは言えないと思うが、ここは黙ってだまされておく方がロマンがあっていいような気もする。

では、そもそも『奥羽永慶軍記』とはどのような書物なのであろうか。これは、天文永禄年間から慶長元和年間に至る奥州、羽州を主として、豊臣、徳川の政権にまで及ぶ群雄争乱の有様を描いた軍記物語である。全三十九巻、著者は出羽国雄勝《おがち》郡横堀村（現・秋田県湯沢《ゆざわ》市横堀）在住の医師戸部一憨《いっかん》斎《さい》正直で、自序によると、「是れを先輩の旧記に考へ、亦は古老見聞の直談に聞きて……」十有余年の歳月をかけて、元禄十一（一六九八）年一月に校了したという。その自筆本は現存せず、写本が国会図書館、東北大学図書館狩野文庫ほかに保存されている。刊本として『史籍集覧』（明治十六年）及び『改定史籍集覧』（明治三十五年）所収がある。

ところで、盛重は松森城の合戦に敗れた後、政宗の所領を突っ切って太平洋岸に出て、佐竹氏の友藩である相馬領に入り、浜街道を南下して岩城を通過し、常陸国に亡命したという推論をした。佐竹氏に亡命してから、明確な記録としてはその四年後の慶長五（一六〇〇）年四月に常陸国八郷の柿岡城の城主に任じられている。何事もなければ、盛重はそのまま柿岡城主として常陸国で安穏な生活を送り、生涯を終えていたはずだった。ところが、そこに激震が起きる。それは以前にも触れている佐竹氏の常陸国から出羽国への突然の国替えだった。四十七歳の盛重は、政宗と同じく自分の甥にあたる秋田久保田藩祖佐竹義宣《よしのぶ》に従って出羽国に同行し、新領内の南の要衝である横手《よこて》城の城代になったことも以前に述べた。

そしてこれは全くの偶然なのだろうが、『奥羽永慶軍記』の著者戸部一憨斎《いっかんさい》正直の出身地雄勝郡横堀村から横手までは、三十キロ程の距離しかないのである。

盛重の出羽国転封概説

いきさつはさて置き、慶長七（一六〇二）年五月、常陸国五十四万石の太守であった佐竹義宣は、出羽国秋田二十万石に減封の上、国替えの処分を受けた。伊達盛重にとっては、文禄五（一五九六）年三月に常陸国に亡命してからわずかに六年後の北帰行になった。また盛重は、その二年前に常陸国八郷の柿岡城の城主に任じられたばかりであったから、自分の生国である米沢や国分氏としての領国であった宮城よりも更に北に赴くという意味も含めて、焦燥感は計り知れないものがあったろう。このとき盛重は四十七歳、当時の平均寿命にほぼ達したいわば「高齢者」になっていた。ちなみに時代は少し下るが、松尾芭蕉が「奥の細道」を行脚したのは四十五から四十七歳のことで、そのとき既に彼は「芭蕉翁」と呼ばれ、その三年後に五十歳で死んでいる。

次に佐竹氏の国替えあたりを起点に、その後の伊達氏とその周辺について大まかに概観してみることとする。

出羽国には、佐竹氏が転封される前にも、もちろん支配者がいた。ただし、その支配様式は依然として中世の面影を引きずっていて、いわゆる近世的な大名には成長していなかった。出羽国を治めていた、土豪に極めて類似したこれらの中小の戦国大名達は、佐竹氏の出羽国移封と入れ替わるように主に常陸国に転封させられた。主なものは、土崎《つちざき》湊《みなと》の安東秋田氏が宍戸五万五千石に、角館《かくのだて》の戸沢氏が松岡四万石に、六郷氏が常陸石岡府中一万石にそれぞれ転封になった。ただ、これらの転移封を命じた徳川政権が、出羽国という領国をどれだけ正確に把握していたのかという点には大いに疑問が残る。実際、佐竹氏の領知する石高が二十万五千石と確定するのは、寛文四（一六六四）年の寛文印知を待たなければならなかったのである。

いずれにしても、旧主を失った出羽国の地侍や百姓達は、新領主佐竹氏の治世への不安から、一揆が頻発しそうな不穏な状況にあった。国替え早々の慶長七年には旧小野寺、戸沢の遺臣達が金沢、大曲《おおまがり》に蜂起し、翌慶長八年には比内《ひない》地方の浅利氏の遺臣達が鷹巣《たかのす》、阿仁《あに》で蜂起した。六郷でも佐竹義重の館が襲撃されるなど、土豪一揆が各地で続発した。

これに対して新領主の佐竹氏は、領内の要所に支城を設け、一門一族と譜代の重臣を駐留させて一揆の鎮圧に当たらせた。主な拠点は、大館《おおだて》、十二所《じゅうにしょ》、檜山《ひやま》、横手、角館、湯沢、院

土崎湊城址（湊安東氏顕彰碑）

内などであるが、これらのうち南部の要衝である横手城には、移封とほぼ同時に盛重が城代として入った。この事実からも、盛重が甥である藩主佐竹義宣にいかに重用されていたかが窺えよう。

先に述べたように、盛重には宮城に実子として三男三女があったが、これらの子供たちは盛重が松森城から落ちのびる際に仙台領に残された。その子供たちが、暗黙の了解があったかどうかは別にしても、伊達政宗の手によって殺されず、無事に生き延びていることは盛重の耳にも届いていたことであろうし、それを聞いて安堵もしたであろう。しかし、横手城代となった四十九歳の盛重には、自分が初代となる秋田の伊達氏を継ぐべき嗣子がないのが最も気懸かりだったに相違ない。そこでおそらくは、佐竹義重の正妻となっていて盛重自身も常陸に落ちる際に頼ったと思われる実の姉（後の宝寿院）の計らいがあったものか、慶長十三（一六〇八）年、佐竹一門の東義久の三男五郎を養嗣子として迎え、藩主佐竹義宣の一字を賜って左門宣宗《のぶむね》と称した。

元和元（一六一五）年七月十五日、盛重は横手城で波乱に富んだ生涯を閉じた。そして、宣宗が秋田の伊達氏の二代目となって、横手城代を継ぐことになるのである。

横手城本丸跡
戊辰戦争で焼け落ちた後、秋田神社の社殿が建てられた。

秋田の伊達さんへの道・概説

江戸時代の秋田の伊達氏と家紋

秋田藩の則道（姓不詳）という名前の家臣が、幕末にさしかかろうという天保十二（一八四二）年九月から弘化元（一八四四）年十一月までの三年余をかけて著した『秋田武鑑』（昭和五十八年、三浦賢童編）によれば、秋田の伊達氏は盛重《もりしげ》を初代として出版の時点までに九代を数えている。

二代目はこれまでにも何度か触れてきた宣宗《のぶむね》で、佐竹一門の東義久《ひがしよしひさ》の三男であったが、慶長十三（一六〇八）年、盛重の養嗣子となった。宣宗は文禄三（一五九四）年生まれなので、このとき十四歳、盛重は五十六歳であった。これも以前に触れたことだが、盛重は伊達晴宗《はるむね》の五男で嫡出子であったから、姓は藤原氏である。それが、甲斐の武田氏滅亡後、清和源氏の本流である義光流で唯一残っていた佐竹一門から養子を迎えることになって、秋田の伊達氏は血筋的には源氏となり、武家の血統としては高められたと言って良いだろう。この宣宗のとき、伊達氏の佐竹家中での座格は「引渡二番座《ひきわたしにばんざ》」であったが、大眼宗事件《だいがんしゅうじけん》（二一四～二一八頁参照）の対応を誤ったために改易となり、寛永九（一六三二）年四月二日、三十九歳で死去している。

三代目は宣宗の子で外記《げき》隆宗《たかむね》だが、佐竹南家の出の母親（宣宗の正妻）の訴えによって名誉を回復して、再び「引渡二番座」に復帰している。四代目は一十郎処時《すみとき》、官位のない通称で記されていることから、おそらく早世したものと思われる。そのために五代目にはまた佐竹東家から養嗣子を迎えている。それが備前処宗《すみむね》で、東中務義秀《よしひで》の四男として生まれ、元禄九（一六九六）年には藩主の相手番

（家老に次ぐ職制で、徳川幕府でいえば老中と側用人を兼ねたような役割と思われる）を勤めている。

六代目は處宗の子で、備前峯宗《みねむね》と名乗った。『秋田武鑑』には「義敦公命テ家老職トス」と記されていて、ここに至って秋田の伊達氏は、「引渡二番座」の座格と共に家老職という重責を担うことになり、名実共に佐竹家中の重臣に列せられたといっても良いであろう。

七代目は峯宗の子で、藩主義敦《よしあつ》の下の一字を賜って外記敦宗《あつむね》と名乗り、明和八（一七七一）年、藩主の相手番となっている。

八代目は敦宗に子がなかったのであろうか、峯宗の子すなわち敦宗の弟にあたる敦重《あつしげ》が後を継いで外記を名乗り、天明元（一七八一）年やはり相手番を務めている。

九代目は彦九郎和宗《まさむね》であるが、事跡は不明。

調べていて面白いことに気が付いた。家老職を拝命した峯宗は、盛重から数えて五代後の子孫にあたり、遠い祖先の盛重が常陸国の佐竹氏に亡命した経緯についてはあまりこだわらなくなったのであろう。そのためか、弟にあたる重経に国分《こくぶん》姓を与えて、国分源七と名乗らせている。あるいは源七が自ら名乗ったのかもしれない。盛重は、亡命した後国分姓を捨てて、わざわざ伊達姓に帰っているのだが、国分姓が再び秋田で復活したのは歴史の皮肉であろうか。また、その三代後の和宗《まさむね》の弟二人も国分姓を名乗り、国分専之助、国分又五郎と称している。

ところで和宗は、文政九（一八二六）年三月十五日に家督出仕し、九代藩主佐竹義和《よしまさ》から上段で盃を受け、名前の下の一字を拝領して和宗と名乗っている。秋田藩では、一門の家督出仕の際には、「義」の一字を与えられるのが習わしであり、「下の一字」を拝領するのはそれに次ぐ家柄の証拠と言って差し支えないであろう。

ちなみに、和宗の頃の伊達氏の石高は五百二十七石で、重臣の中では平均的なところである。また、伊達氏の家紋は、国分氏と同じ「九曜」の紋であり、陣幕や馬印の紋も「九曜」であった。亡命した盛重が伊達姓を名乗ったときに、家紋だけは「竹に雀」ではなく国分氏の「九曜」のままにしたのには何か理由があったのだろうか。しかし、仙台の伊達氏も「九曜」を裏紋として用いているから、必ずしも不思議なことではないのかもしれない。

ちなみに仙台の伊達氏は家紋の数が非常に多いことで知られる。最もよく知られているのが「竹に雀」紋であろう。これは、政宗の大叔父に当たる伊達実元が、越後国守護の上杉定実の養子として乞われたときに、上杉氏から伊達氏への引き出物として贈られたものである。養子の件は双方の事情で破談となったが、それが元で伊達氏の内紛である「伊達氏天文の乱」（一七〇頁参照）が勃発し、奥羽の諸大名をも巻き込む争乱に発展した。したがって、この「竹に雀」紋は藤原氏流上杉氏であることを表している。

次によく用いられているのが「九曜」紋であろう。伊達氏では裏紋とされているが、これは一般的には国分氏のように桓武平氏の系統で

縦三つ引両紋（保春院）

陸奥国分寺薬師堂軒瓦の九曜紋

竹に雀紋（瑞宝殿扉）

あることを示している。

「縦三つ引両」紋は、少しデザイン化して仙台市の市章にもなっているが、これは伊達氏の始祖朝宗が源頼朝から下賜されたものと言い伝えられており、清和源氏であることを示している。

更に伊達氏には、皇室につながることを表す「十六葉菊花」紋、豊臣氏の系統であることを示す「五七桐」紋、公家の近衛家につながりを示す「蟹牡丹」紋等々がある。伊達氏はこれらの紋を、その目的に応じて適当に使い分けて、自分のルーツがどこにでも結び付けられるように工夫していたようなのである。戦国大名として生き抜くための知恵だったのであろう。

伊達宣宗と大塚権之助

秋田の伊達氏の二代目、伊達左門宣宗《のぶむね》は佐竹一門の東義久の三男として生まれた。そして、慶長十三（一六〇八）年、十四歳のときに伊達三河守盛重の養嗣子となり、元和五（一六一九）年正月、「引渡二番座」に着けられて、佐竹一門同様の家格を与えられた。しかし、そのわずか三年後の元和八年八月、宣宗はある事件によって突然「改易」されてしまった。では、宣宗が改易という厳しい処断を受けることになった原因あるいは前後の事情はどうだったのだろうか。

「改易」とは、官職や身分や知行を罪によって取り上げることを言う。この当時、開かれたばかりの江戸幕府も、その基礎固めのために日本中の大名を盛んに改易した。特に大坂の役の戦後処理として大規模な改易が行われ、巷には主家を失った浪人があふれて不穏な空気が日本中に満ちていた。たとえば、近場で言うと山形城主最上義俊（最上義光の孫）が、元和八年八月、内紛を理由に改易されて、山形城の請け取りのために伊達政宗が兵三千を出したことが『伊達治家記録』にある。宣宗が改易されたのと全く時を同じくするが、あくまでも偶然である。宣宗は秋田藩内の事件が元になった藩内での改易であり、最上氏は幕府からの改易であって、規模も命令権者も異なる。

　時代が少し遡る。常陸五十四万石から秋田二十万石に減転封された佐竹氏は、譜代の家臣を引き連れて出羽国に移住した。また、それまで出羽国を領地としていた安東秋田氏をはじめとする大小の中世大名は、ほとんど佐竹氏と入れ替わりに常陸国に移封されたのだが、一緒に移動しなかった地侍らの一部を佐竹氏は新たに家臣として召抱えた。ただでさえ収入が半減してしまった上に、家臣の数が増えたのだからたまらない。必然的に「地方知行制」から「俸禄制」の近世大名に脱皮を遂げざるを得なくなり、おかげで領国経営の基礎が定まった。

　佐竹義宣《よしのぶ》が伏見城で徳川家康から出羽国への移封の命令を受けたのは慶長七（一六〇二）年五月のことで、ただちに軍備を整え、七月、上洛中の家臣を従えて伏見を出発、父祖の地である常陸国には立ち寄らずに奥州街道から羽州街道を北上し、九月、安東秋田氏の旧城土崎湊《つちざきみなと》城に入った。

山形城と最上義光像

きわめて信頼性の低い文献を元にしているので、以下の話が事実かどうかは分からない。

佐竹義宣が秋田へ向かう途上、山形の手前で、山形城主最上義光《もがみよしあき》が軍勢を率いて待ち受けていたという。義光は当時は徳川家康の腹心であったから、義宣一行は、家康に命じられた義光が、彼らを迎撃するために布陣しているのではないかと疑心暗鬼に陥った。しかし、結果的にはそれは杞憂で、義光は隣国に移封された義宣と誼《よしみ》を通じたいと思い、歓迎のために出て来ていただけだったと言われている。義光は手勢を後方に下がらせて単騎で待っていたのだが、義宣は家臣を一人連れて行って会談した。このときに自ら供を買って出た武将が、宣宗の庶兄で、名前を大塚権之助といった。このとき権之助は、一旦事あるときには義光を討ち取るつもりであったと、後に語ったという。

義光が軍勢を率いて出張っていた本当の理由は分からない。実は家康から義宣を討つ密命を受けていたのかもしれない。しかし、これから出羽国をある意味で平定しなければならない佐竹軍の軍備を見て、攻撃をためらったとも考えられる。ちなみに、佐竹氏の軍勢は、関ヶ原の合戦に参戦しなかったために無傷の戦力を保っていた。

そして、後に伊達盛重が城代となる横手城は、この前年最上氏の所有となっていた。

伊達盛重と須田盛秀

いずれにしても、このようにして伊達盛重が初代の横手城代に任じられたのであろう。常陸国で柿岡城主だった盛重は、佐竹氏の秋田転封という事態に直面して、自分の行く末に惑う日々だったであろう。しかし、約一千石を給せられて横手城代とされたのだから、そこまでは順調な滑り出しであった。五十歳を目前にしている盛重にとって、後の気懸かりは自分の跡継ぎをどうするかということだけだったと思われる。

ところで、秋田に国替えになった佐竹氏にとって、花山峠で国境を接することになった仇敵伊達政宗の居城は、慶長七（一六〇二）年当時にはまだ岩出山城が主城で、仙台城は目下普請中であった。この岩出山城から花山峠までは、「花山越え」街道一本筋でわずかに五十キロを隔てるのみであったから、佐竹義宣にとっては、横手城がいかに堅固な城であっても、花山峠を攻め下るかもしれない政宗軍に対して、守将が盛重一人では不安だったのかもしれない。そのためか、盛重が横手城代になった翌慶長八（一六〇三）年に、その補佐役として、政宗に対して遺恨を抱いていたであろう須田美濃守盛秀《すだみののかみもりひで》が任命された。この人事が、秋田の伊達氏にとって後々影を落としていくことになる。須田盛秀は、盛重と同じくこの前年に角館城代になったばかりであったから、いかにも急な配置替えであった。

横手城二の丸模擬天守

ここで、この須田盛秀について少々述べておこう。須田美濃守盛秀は享禄三（一五三〇）年生まれだから、盛重より二十三歳も年長で、横手城代になったときに既に七十三歳であった。平均寿命が約五十歳のこの当時、しかもいつ戦場で命を落とすかも知れない戦国武将としては珍しく高齢であった。この長命が彼を歴史の舞台で活躍させる基となったのだが、反面それが秋田の伊達氏にとっては仇となった。

盛秀は元々須賀川《すかがわ》の和田城主で、主家である須賀川城主の二階堂盛義、行親《ゆきちか》の二代に仕えた。行親が早世した後には須賀川城の執政となって、二階堂盛義の正妻で女性ながら城主となった伊達晴宗の長女の大乗院（阿南《おなみ》姫）を盛り立て、常陸国の佐竹義重と同盟して仙道筋に勢力を展開して来ていた伊達政宗の圧力に対抗した。しかし、天正十七（一五八九）年六月に起こった摺上原の合戦で、反伊達連合軍の蘆名義広（佐竹義重の次男、義宣の弟）が政宗に大敗し、ここに鎌倉以来の名族蘆名氏は滅亡してしまい、連合軍は態勢の立て直しを迫られることになった。

摺上原の合戦に勝利した伊達政宗は、翌七月に白河の結城《ゆうき》義親《よしちか》を降し、十月には余勢を駆って二階堂氏の居城須賀川城に攻めかかった。同盟軍の佐竹義重は、政宗と呼応した北条氏に牽制されて身動きが取れず、また政宗の調略によって二階堂軍から多くの内応者が出たため、須賀川城は十月二十六日に攻め落とされてしまった。この戦闘で須田盛秀は孤軍奮闘していたが、須賀川城が落城したために、やむなく自分の

須賀川城址本丸跡
二階堂神社があったが、東日本大震災で損壊して解体された。

居城の和田城に引き揚げた。ところが翌二十七日、政宗はその和田城に攻めかかって来た。しかし、守りを固めては討って出る須田勢にてこずって、政宗は和田城を落とせずに引き揚げざるを得なかった。一方の盛秀も、情勢の不利を悟って和田城を引き払い、佐竹領南郷の赤館城に落ち延びた。このときの合戦で、盛秀の嫡男須田秀広（美濃二郎）が政宗軍に捕らえられて殺されている。

　秀広は十月二十六日の戦闘の際に政宗軍に捕らえられた。そしてその三日後に、政宗自らの手によって、鉄砲の的とされて撃ち殺された。これは、和田城を攻め落とせなかったことへの政宗の腹いせであり、また盛秀に対する見せしめでもあったと思われる。ときに秀広はまだ十八（十六）歳であった。この政宗の行為は、「撫で斬り」を平気で行うような、残虐な性格を如実に示す出来事であったと言えよう。そして、盛秀の伊達氏に対する深い怨恨の基になった事件でもあった。

　豊臣秀吉から発せられている「関東奥羽両国惣無事令」を無視して、盛んに領土拡張を続ける政宗に主家の二階堂氏を滅ぼされ、更に嫡男までも殺されたことで、盛秀は伊達氏そのものに大きな恨みを抱いたことであろう。これらのことは、盛秀が横手城の副城代になるわずか十四年前、五十九歳の出来事である。

和田城址

この当時、伊達盛重と須田盛秀はまさしく敵同士であった。

慶長八（一六〇三）年、須田盛秀は十四年前の摺上原の合戦と、その後の伊達政宗軍と反伊達氏の連合軍との南奥羽の支配権をめぐる戦いで、激闘を演じた敵将の一人だった横手城代伊達盛重の補佐官に任じられた。ちなみに、横手城には搦め手城代として向宣政《むかいのぶまさ》もいたが、この年慶長八年九月に佐竹義宣によって家老に抜擢されていた。だから、盛秀は向宣政の後任だったのかもしれない。しかし、盛秀は須賀川城の合戦で自分の嫡男を伊達政宗に殺されていた。横手城の副城代になったのは佐竹義宣の命令に従っただけのことかもしれないが、この二人が十四年前の出来事を水に流して全く同心したとはどうしても思えない。盛秀が横手城の副城代に就いたときから、ある意味では伊達氏に対する彼の復讐が始まったような気がするのである。

須田盛秀には五人の子供がいたと言われている。須賀川城の合戦で政宗軍に捕えられて殺されたのが嫡男の須田秀広（美濃二郎、法名　天仙）で、他に男子が二人いたが、次男源助は早世し、結局盛秀の跡を継いだのは三男の盛方だった。

娘は少なくとも二人いた。一人は角館に置かれた佐竹一門の大山義則に嫁いだ。問題はもう一人の嫁いだ相手であるが、

須賀川、須田氏住居跡（金剛院）

それが横手城に配属された大塚権之助という武将であった。

この男の逸話については先にも話題にしている。

それは次のようなことであった。慶長七（一六〇二）年、佐竹義宣が初めて秋田に国入りするときに、真偽のほどは分からないが、その道中に山形城主最上義光が軍勢を率いて待ち受けていて、義宣と一対一で会談を行ったということがあったらしい。そのときに、自ら志願して義宣につき従った男がいた。それが大塚権之助で、一旦事あるときには義光を討ち取るつもりであったと、後に語っていたらしい。非常に血の気の多い男であったようだ。

ここで、話しを伊達盛重に移す。

盛重には、宮城の地を追われて常陸国に亡命したとき、後に実子である三男三女と庶子をすべて残してきた。その経緯については既に述べた。だから、横手城代となった盛重には跡を継ぐべき子供がいないことになった。当時も今も、跡継ぎにはまず嫡男を当てるのが普通であり、次男以下は分家となったり養子に出されたりする。実子がいなければ、豊臣秀頼のように妾腹の庶子が跡を継いだ。それもいなければ自分の兄弟の子、つまり甥を立てるのが順当なところであろう。豊臣氏で言えば、秀次がこれに当たる。宮城の伊達本家では輝宗のあとを政宗が継いだのだが、母の義姫《よしひめ》が政宗を毒殺して弟の小次郎を跡取りに据えようとしたため、禍根を残さぬ

山形城址

ように、政宗が小次郎を刺殺したというのは有名な話である。そのために義姫と政宗は不仲になり、義姫は山形の兄最上義光のもとに三十年もの間身を寄せていたと言われている。

では、盛重のようにそれらの子供がすべていなければどうするだろうか。家を断絶させたくなければ、他家から養子を迎えるしかないことになる。そして当時の通例では、養子とするのは自分の主家筋の次男以下の子供か、または同列の家臣でも自分よりも位の高い家の子供であった。特殊な場合には、自分の気に入った子供を、位の高いたとえば京の貧乏公家などに一旦養子として預けて、それを再度自分の養子として迎えるようなことも行われていたようだ。

慶長十三（一六〇八）年、伊達盛重は自分の主家筋に当たる佐竹一門筆頭の東義久の三男を養子として迎え入れ、藩主義宣の一字を賜って左門宣宗と称させた。この宣宗の庶兄が大塚権之助である。つまり、権之助は東義久の庶子で大塚氏へ養嗣子とされ、そこに須田盛秀の娘が嫁いだのであった。だから伊達盛重と須田盛秀は、皮肉にも佐竹東氏を介して縁戚になったのである。

須田盛秀と大塚権之助

そもそも佐竹一門の東義久（山城守、従五位下中務大輔）は、佐竹左馬頭義治の第四子東将監政義から数えて四代目にあたり、秋田藩初代藩主佐竹十九代義宣によって執権職に任じられた（『秋田武鑑』）。つまり、佐竹一門では筆頭の家柄と認められたことになる。東氏は、佐竹氏の秋田転封当時の慶長七（一六〇二）年に仙北増田に置かれ、その後大曲を経て久保田に移った。そしてこの義久には、少なくとも実子に四男二女、庶子に一男があり、義久の跡を継いだのは嫡男の東将監義賢《よしかた》であった。

少々煩瑣になるが、東義久の他の子供についても触れておく。次男（酒出弥市）は幼くして小野崎義昌（佐竹義重の叔父）の後嗣になったが、早世したために義久四男の宣政がそのまた跡継ぎになった。ちなみに小野崎義昌は度々のいくさで戦功を挙げて、甥で主君の佐竹義重から褒美に太刀や感状を受けていたが、天正十三（一五八五）年の戦闘の際に「陣中ニ於テ奴僕ノ為ニ害セラ」れて跡が絶えた。そのために急遽東義久の次男を跡取りに据えたものと思われるが、この天正十三年の戦闘とは、伊達政宗と蘆名佐竹連合軍とが、南奥羽の支配権をめぐって戦ったとされる有名な仙道人取橋《せんどうひととりばし》の合戦のことである。このとき義昌は佐竹義重に代わって連合軍の総大将を務めていた。この戦闘には伊達盛重（国分盛重）も須田盛秀（二階堂氏の家臣として）も、敵将同士として参戦していた。そして、盛重はこの戦闘で伊達軍の将として戦功を挙げたと記録されている。小野崎義昌の遭難によって、連合軍はそれぞれ国許に引き揚げてしまい、そのために伊達政宗は九死に一生を得て、その後南奥羽に威を振るうようになった。佐竹氏、蘆名氏、二階堂氏などのその後の命運が、この奴僕の行為によって決定されたといってもよいであろう。まさに歴史の皮肉である。

仙道人取橋古戦場跡

東義久三男の宣宗については、幾度か触れてきている。佐竹氏が常陸から秋田に国替えになって、横手城代になった伊達盛重は、五十五歳の慶長十三（一六〇八）年に、その東義久三男の左門宣宗を伊達家の養嗣子として迎えた。これで秋田の伊達氏は安泰になるかに思われた。

東義久の娘二人については、それぞれ宇都宮氏と向氏に嫁いだ。問題は義久庶子の権之助である。『秋田武鑑』によれば、彼は百石取りの足軽大将大塚九郎兵衛資郷の後嗣となった。そして、この大塚権之助に嫁いだのが須田美濃守盛秀の娘である。この男は、非常に血の気の多い男であったらしい。事件は、慶長十四年三月八日に起こった。

権之助は横手城の勤番になっていた。嫡子、庶子の別があるとはいえ、弟の宣宗（十五歳）は城代伊達盛重の跡継ぎで、足軽大将の跡取りの権之助にとっては上役筋に当たることになってしまった。血の気が多いだけに、そんな鬱憤があったのだろうか。今風に言えば、ドメスティックバイオレンスのようなことがあったものと思われる。舅に当たる副城代の須田盛秀は、それを見かねたものか、権之助に無断で娘を実家に引き取ってしまった。これに腹を立てた権之助は、横手城内で（他の説では、妻の実家須田邸に押し入って）盛秀の三男で跡取りの須田大蔵盛方を斬殺して、自分の家に立てこもった。盛秀はすぐに出兵して大塚宅を攻撃し、権之助は討ち取られ

横手城模擬天守から見た横手の町

てしまった（他の説では、自刃したことになっている）。

かつて須賀川城の合戦で伊達政宗に嫡男美濃二郎を殺されている須田盛秀は、この事件でまた跡継ぎの三男盛方を失ってしまい、直系の男子がいなくなってしまった。養子とはいえ、今回も伊達氏が微妙に絡んだ事件によって須田氏が被害を蒙ったことで、盛秀の怒りが伊達盛重に、そしてその跡継ぎの宣宗に向けられたことは容易に想像できよう。

関ヶ原の合戦と横手城

横手城が最上義光《もがみよしあき》の手中に落ちた経緯は以下のようであった。

天下分け目の戦いとしてつとに有名な関ヶ原の合戦は、徳川家康が会津の上杉景勝征伐を口実に大坂を離れて関東に下り、その隙に乗じた石田三成らが反徳川の兵を挙げたのがきっかけとなって起こったように一般的には語られる。世上言われているように、家康が三成を戦場に引きずり出すために、意図して大坂を発って江戸に向かったというのが事実かどうかは分からない。が、ともかく家康は慶長五（一六〇〇）年六月に、反徳川の姿勢を強めている会津の上杉景勝を、軍備増強をしていることを理由に討伐しようとした。このとき、家康の詰問状に答えて上杉氏側から出されたのが、かの有名な「直江状《なおえ》」である。家康は、最上義光、伊達政宗、南部利直《なんぶとしなお》らに上杉攻めに参陣するよう下知を出し、彼ら奥羽の諸将は家康の誘いに応じて、上杉氏を攻撃するために最上領内に集結した。しかし、七月末には早々と伊達政宗が、かつては自分の領地であった上杉領の白石城攻めを始めている。しかし、上方で石田三成らが「家康討伐の触れ状」を七月二十四日に発して挙兵したという報に接すると、下野国小山《おやま》に着陣した家康は奥羽の諸将に上杉勢を奥州に牽制しておくように命じて江戸に取って返した。ところが、家康が前線を離れると、伊達政宗らもそれぞれさっさと国許に引き上げ、最上義光だけが上杉勢の前に残されてしまった。これを見た上杉景勝は、直江兼続《かねつぐ》に二万余の軍勢を預けて上方での挙兵に合わせるように最上領に侵攻、北からは上杉氏に呼応した横手城を本拠とする小野寺遠江守義道が攻め下ってきた。こうして関ヶ原の合戦の奥州編とも言える慶長出羽合戦（長谷堂城の戦い）が始まった。しかし、最上氏の軍勢は高々七千とも三千とも言われ、二万余の上杉軍に対して多勢に無勢、

白石城（復元）

上山城模擬天守閣

長谷堂城址（八幡口）

最上領の畑谷城は持ちこたえられずにとうとう陥落してしまったが、上山《かみのやま》城、湯沢城では城を守り抜いた。また直江兼続率いる上杉軍は、山形城の要である長谷堂城を包囲して攻撃していたが、九月十五日の西軍の関ヶ原での敗報を聞いて、九月二十九日には攻撃中の最上領から直ちに退却を始めた。

上杉軍が退却すると、最上義光はすかさず庄内地方などの上杉領を奪い、小野寺義道の居城であった横手城をも攻略した。こうして横手城は最上義光の手中に入ったのである。

一方、関ヶ原の合戦に際して徳川と豊臣の間で日和見的な対応に終始し、戦後の仕置きで家康から出羽国への移封の命令を受けた佐竹義宣が、伏見を出発して土崎湊城に入ったのは慶長七（一六〇二）年九月十七日のことであった。この秋田へ向かう途上、山形城主最上義光が軍勢を率いて待ち受けていたことは既に述べた。このときに義宣と義光との間でどのような話し合いがなされたのか知る由もないが、佐竹氏の出羽国入り後、最上氏との間で領土の交換が行われた。その結果、慶長七年末までには佐竹領の由利《ゆり》郡が最上領に編入され、最上義光が小野寺氏から奪い取った雄勝《おがち》郡と横手城を主城とする平鹿《ひらか》郡が佐竹領に編入された。こうして横手城は秋田藩の南の要衝として、以後重きを成すことになった。

以前にも触れたように、横手城には城代が置かれた。秋田久保田藩では、横手以外にも支城が置かれ、それぞれ城代が所預《ところあずかり》として駐留したが、例えば角館の佐竹北家や大館《おおだて》の小場氏佐竹西家、湯沢の佐竹南家など、そのほとんどが佐竹氏の一門や譜代の重臣であった。ところが、佐竹氏にとってきわめて重要な南の要衝の横手城には、仕官してまだ日が浅く、しかも他家から亡命してきた伊達盛重が充てられた。何故か。これには理由があったと思われるのである。ちなみに、佐竹氏の出羽国転封の際に、横手城を主城とすることも考えられたと言われているほど、横手城の重要性は高かったのである。

横手城代伊達盛重

問題は横手城の城代である。

横手の地理上の位置を確認してみよう。まず、横手から羽州街道を南下して、羽前国との国境である雄勝峠までは、直線距離で約四十キロ、徒歩で一日、馬なら数時間で到達できる。境を接するのは徳川家康の腹心であった最上義光であり、秋田転封当時は友好関係になっているとはいえ、かつて石田三成と昵懇の間柄であった佐竹義宣とは元々敵対関係にあった。ここに一つ横手城の重要性がある。

一方、横手から南下して、湯沢で羽州街道から東に分かれ、稲庭《いなにわ》、小安《おやす》峡《きょう》を経て、峻険な花山峠で国境を接する隣国があった。それが仙台藩、伊達政宗の領国であった。この街道は奥州街道から分かれて羽後国雄勝郡に至る間道で、古くから花山越えあるいは大門越えと呼ばれ、仙台藩では慶長年間から関所を設けていた。それが現在国指定史跡となっている「仙台藩仙北

花山御番所関所門天井の護符

花山御番所（関所門と役宅）

御境目寒湯《ぬるゆ》番所」いわゆる「花山御番所」である。この花山御番所は、代々関守を務めた三浦氏が明治二年に放棄した後すっかり荒れ果てていたのだが、昭和十四年に「宮城野盆唄」の作詞者で宮城県の郷土史研究家渡辺《わたなべ》波《は》光《こう》が再発見し、行政もそれを認めるところとなり、以後整備されて今日に至っている。

それはともかく、いかに険しい山道とはいえ、佐竹氏にとっては天敵に等しい伊達政宗の領国と峠一つで接するようになってしまったのである。秋田窪田城の佐竹義宣は気が気でなかったのではないかと想像される。ここに横手城のもう一つの、そして最も大きな重要性があったのではないだろうか。

横手城の城代に誰を据えるか。義宣の、そして父親である義重の胸中には、天正十三（一五八五）年十一月の仙道人取橋の合戦や天正十七（一五八九）年六月の摺上原の合戦での政宗に対する苦々しい思い出が去来したことであろう。「あの伊達の小童《こわっぱ》のことをよく知っているであろうあの男しかお

保春院（仙台市若林区）

山形城址

るまい」。彼らの答えはただ一つであった。政宗にとっては叔父であり、かつてはその有力な旗本として佐竹氏の連合軍と戦闘を交えた男。政宗に居城の松森城を攻められた挙句放逐され、六年後の今日、皮肉にもかつて仙道筋で刃を交えた義重の義弟として、また義宣の叔父として、佐竹氏の家臣となっているあの男、つまりあの伊達盛重が適任であろうという結論に至るのにさほど時間はかからなかったと思われる。仙台藩の内情に詳しく、また政宗の性格にも精通していて、万一の場合には政宗と血を分けた叔父として渡り合える立場を期待されての起用だったのであろう。そして、その盛重は一方では南の隣国の最上義光とも遠縁にあたっていた。

つまり、盛重の兄伊達輝宗の正室が最上義守の娘の保春院義姫《ほしゅんいんよしひめ》であった。この義姫は最上義光の妹で、輝宗との婚姻後政宗と小次郎を産み、疱瘡に罹った政宗を嫌って小次郎を輝宗の跡取りにしようとしたが、政宗の毒殺に失敗して逆に小次郎が政宗に殺されると、兄義光のもとに逃れたというのは有名な話である。毒殺未遂事件が嘘か本当かは分からないらしいが、いずれにしても義姫が輝宗に嫁いだ後、盛重が国分氏に入嗣するまでの間、共に米沢城に住んでいたはずだから、城の行事の折には顔を合わせるなど、ある程度の交流はあったであろう。そして、盛重が横手城の城代になった頃には、義姫はまだ山形の義光のもとに匿われていた。

中央政権と佐竹氏、伊達氏

常陸国の国主であった佐竹義宣は、徳川家康によって五十四万五千八百石から二十万五千八百石に減封されて、秋田、仙北に国替えになった。この事実は、伊達盛重の運命にも大きな影響を与えたのだが、今度はその辺のことを考察してみることにする。

ところで、天下統一の機運が大きくなってきた十六世紀末、常陸の佐竹義重・義宣父子も南奥羽の伊達政宗も、まだまだ戦国乱世の真っ只中にいたと言っても差し支えないだろう。彼らは、中央政権が大きく統一に向かっている状況から完全に取り残され、未だに分国を切り取る戦乱に明け暮れていた。それらの戦乱の掉尾を飾るのが、その原因はともかく、政宗と、義重・義宣を中心とする勢力による仙道人取橋の合戦と摺上原の合戦であった。これらの合戦が、天下人にあと一歩となっていた豊臣秀吉の逆鱗に触れた。特に、天正十七（一五八九）年六月の摺上原の合戦は、天正十五年十二月に秀吉によって発せられた「関東奥羽両国惣無事令」に完全に違反しており、このいくさを仕掛けてかつ勝利した政宗は、この合戦をどのように正当化しようとただでは済まない状況にあった。つまり、この命令の主な対象が、秀吉に未だに敵対している小田原の北条氏と、「遅れてやって来た戦国大名」伊達政宗であることは誰の目にも明らかであったからである。この時点では、佐竹氏は「奥羽の暴れん坊」伊達政宗の所業に迷惑している「清和源氏の嫡流」の優等生といった振る舞いに徹していたように見える。事実、佐竹氏は平安期から今日まで九百年間続いている唯一の清和源氏である。

では、そのわずか十数年後の慶長七（一六〇二）年になって、なぜ優等生の佐竹氏が、減封された上に、上国の常陸国から当時は未開の地にも等しい出羽国に国替えされたのだろうか。もちろんそれは巷説されているように、大雑把に言えば慶長五年九月の関ヶ原の合戦に対する義宣の対応がまずかったからである。

では、なぜ義宣の対応がまずかったのだろうか。その原因は大きく二つあると思われる。断っておくが、これはあくまでも私見である。そして、それは伊達政宗の対応との比較においてであることも申し添える。

その一つは領国の拠って立つ地理的な条件である。当時、米沢を拠点とする政宗の領国は、北関東の常陸国に比べていわばかなり僻地であり、周囲には国分氏のような数郡を支配しているだけの弱小の大小名しかいなかった。更に、伊達氏には「奥州探題」「陸奥国守護職」としての自負もあり、秀吉に対しても「本来自分達の支配下にあった周辺の諸国を征服して何が悪い」という態度に終始している。そのような大義名分もあって、政宗は比較的容易に領国を拡大することができた。その結果として、当時秀吉に頑強に敵対していた小田原の北条氏と誼《よしみ》を通じることになる。事実、天正十八年一月十七日には、北条氏直から政宗に、佐竹義宣を挟撃することを謀る書状が届けられ、同月二十七日、政宗は岩城浅川で佐竹軍と戦闘を交え、これを破っている。

一方、佐竹氏はどうであろうか。年月が少し遡る。天正十（一五八二）年二月に甲斐の武田氏が滅亡し、更に同年六月に本能寺の変によって織田信長が殺されると、一挙に中央の勢力バランスが崩れ、それ

米沢城址、伊達政宗生誕地の碑

常陸太田城址（太田小学校）

は関東にも飛び火して、佐竹氏周辺の情勢はにわかにあわただしくなった。

佐竹氏の領国である常陸を中心に見てみると、上野《こうずけ》から信濃までは相模の北条氏が進出し、甲斐には駿河から徳川家康が入って来た。また、西の上杉景勝は関東管領の立場から関八州への圧力を強めている。更に西では、信長の後継者として名乗りを上げた羽柴秀吉が、柴田勝家を破って上杉氏と対峙していた。そして北には天正十二（一五八四）年に家督を継いだ、あの伊達政宗が隻眼を光らせていた。

つまり佐竹氏は、関東管領上杉景勝の顔色を窺いながら、南から侵入する北条氏を撃退しようとすると北から伊達政宗が領国を侵食し、逆に伊達勢の進出に軍勢を出せば南から北条氏が襲いかかるという、板ばさみの状態に置かれていたのである。

そして天正十八（一五九〇）年三月一日、とうとう豊臣秀吉が小田原の北条氏を攻めるために出陣してきた。

政宗に対しては、先陣として二月に出陣してきた徳川家康、前田利家らから小田原に参陣するように催促して来た（二月二日付、前田利家書状）。他方、前述したように、北条氏からも政宗が助勢のために関東に出陣し、佐竹氏を挟撃することを期待する書状が届けられていた。この時点では政宗は、秀吉の力の強大さを感じながらもまだ躊躇していた。

一方佐竹義宣は、四月になってもまだ伊達勢との小競り合いを続けていたが、秀吉から小田原への参陣を促されると、四月下旬、急遽北条方の下野・壬生《みぶ》・鹿沼《かぬま》城を攻撃して旗色を明らかにした。かろうじて小田原参陣に間に合った義宣は、五月二十七日に初めて秀吉に謁見し、七月五日、北条氏が滅亡すると、所領も安堵されることになった。この小田原攻めの頃から、義宣は何かと面倒を見てくれる秀吉側近中の側近である石田三成と親交を結ぶことになる。

また一方の伊達政宗である。迷いに迷った挙句、五月九日、片倉小十郎景綱等約百騎を従えて小田原に向かった。佐竹氏が行く手を阻んでいるため、越後から信濃、甲斐と迂回せざるを得なかった政宗は、六月五日にようやく小田原に着陣した。しかし、遅参を理由に箱根山中の底倉に軟禁されて、前田利家・浅野長政らの詰問を受け、その結果、前年蘆名義広から攻め取った会津・岩瀬・安積《あさか》の地約三十万石を没収されてしまった。奥羽から小田原までの距離的なハンディキャップに加えて、更に迂回をしなければならなかった点を考慮すれば、佐竹義宣と比べて政宗の着陣が多少遅れたのはやむを得なかったように思えるが、秀吉にとっては天下人として発令した「関東奥羽両国惣無事令」を無視して、摺上原の合戦で会津黒川城を攻め取った奥羽の若僧がよほど憎らしかったものと思われる。つまり、政宗は秀吉の天下人としてのプライドを思いっきり傷つけてしまったのであろう。だから、六月九日に秀吉に初めて謁見したときに、政宗が白装束を身に着けて現れたパフォーマンスで救われたのは、ひとり政宗だけではなく、そのような芝居がかったことが好きだった秀吉も同様だったものと思われる。何事につけ派手好みの秀吉の琴線に触れる振る舞いだった。天下人としての度量を試された格好の秀吉は、あえて政宗を斬ることができなくなり、同時に面子を保つこともできたと言えよう。反面、石田三成をはじめとする秀吉の側近達には、そんな「臭い芝居」を平気でする政宗が、一癖も二癖もある要注意人物と映ったことであろう。

領国の地理的な条件を述べるつもりだったのだが、話がかなり逸れてしまった。しかし、結局こんなところに、政宗と、「困ったほどの律義者」と徳川家康に評され、やはり当代きっての律義者だった石田三成に好まれた佐竹義宣との決定的な違いがあり、それがひいては関ヶ原の合戦に際して、義宣が対応を誤った事実になって現れたものと思われる。それにつけても、政宗と義宣は従兄弟同士だったのだが……。

では、関ヶ原の合戦に臨んで義宣が対応を誤ってしまったもう一つの原因は何だろうか。

それは、義宣と政宗の微妙な年齢差と、互いの父親の個性、そしてその親子の関わり方の違いであったろうと私は推測している。昔も今も、親子関係は難しい問題のようである。

義宣の父、政宗の父

佐竹義宣は、元亀元（一五七〇）年七月十六日に佐竹義重と正室である伊達晴宗の娘（宝寿院）との間の嫡子として生まれた。一方伊達政宗は、永禄十（一五六七）年八月三日に伊達晴宗の次男で家督を継いだ伊達輝宗の嫡子として生まれた。だから、義宣は政宗より三歳年下であり、また、従兄弟同士である。彼らが幼少期を過ごした時代は、戦国末期の天下統一に向かいつつある只中であった。そのきっかけとなった織田信長の足利義昭を奉じての入洛が永禄十一年九月のことで、そのとき政宗は一歳になったばかりで義宣はまだ生まれていない。

政宗は天正十二（一五八四）年九月に十八歳で家督を継いだのだが、その二年前の天正十年六月に、織田信長が本能寺で明智光秀に討たれてからは、天下の趨勢は羽柴秀吉に流れ始めた。一方の義宣は、政宗に遅れること五年目の天正十七（一五八九）年に十九歳で佐竹氏の家督を相続した。その五年の間に、秀吉は四国と九州を平定し、関白太政大臣となって豊臣の姓を後陽成《ごようぜい》天皇から賜っていた。そして、天正十八年七月には小田原の北条氏を滅ぼして、ほぼ全国を平定した。

伊達政宗は「遅れてやってきた戦国大名」とよく言われる。それは、家督を相続してからの六年間の、政宗の中央の動きを無視しているかのような行動を見れば理解できよう。家督を継いだ翌天正十三年十月に、故意か事故かは別にして、父輝宗が二本松城主畠山義継に謀殺され（一説では政宗が意図的に殺害したとも言われている）、それ以後政宗の行動を規制する役目の父親がいなくなり、政宗はいわばやりたい放題になってしまった。そして、これより先は佐竹氏も大いに関わるのだが、政宗はその天正十三年十一月には仙道人取橋《せんどうひととりばし》で蘆名・佐竹の連合軍と激戦を交えて幸運にも勝ちを拾い、更に余勢を駆って天正十七年六月には磐梯山麓の摺上原《すりあげはら》で、佐竹義宣の実弟でかつ自分の従兄弟でもある蘆名義広を破って会津領を手中に収め、黒川城に入った。また政宗は、この年十月には、伯母に当たる大乗院（阿南《おなみ》姫）が城主である須賀川城の二階堂氏を滅ぼし、会津四郡に仙道七郡を加えた南奥羽をほぼ征服した。

しかし、言うまでもなくこの時期、天下は豊臣秀吉によっ

二本松城大手門

て統一されつつあった。だから戦国乱世さながらの政宗の領国拡大策は既にアナクロニズムそのものであったが、逆に政宗がもう二十年早く生まれていれば、天下に覇を唱えるのもあながち夢ではなかったのかもしれない。小田原参陣に遅れたのも、関ヶ原の合戦でいち早く徳川方についたのも、政宗自身の判断によるものであり、もし輝宗が生きていればそれらの政宗の行動はもっと違ったものになっていたであろう。後世の伊達六十二万石の基礎を政宗が果敢に築けたのは、輝宗が早世してくれたおかげと言えなくもない。

他方、佐竹義宣は、父親の義重が比較的長命であったためにその点少々苦労している。義宣が家督を義重から継承したのは、天正十七年に佐竹氏が後ろ盾になっていた蘆名義広が摺上原で政宗に大敗を喫した後のことであったが、その頃は隠居した義重がまだ実権を握っていた。智勇に優れた義重は「鬼義重」の異名を取っていたが、ときには義宣の行動に異を唱えることもあったようだ。

義宣が小田原参陣の頃より秀吉側近の石田三成と懇意にしていたことは先に述べた。その関係が特に深まったのは、慶長二(一五九七)年秋に下野国の宇都宮国綱が家督相続の件で秀吉の怒りを買って所領を没収され滅亡したときに、宇都宮氏と縁戚関係にあった佐竹氏も嫌疑をかけられて改易されかかり、それが三成のとりなしで累を免れて以来であると言われている。このことに恩義を感じていた義宣は、三成が秀吉の死後に加藤清正や福島正則らの武断派の諸将に大坂で襲われて殺されかかったときに、軍勢を出して自ら三成を守って伏見まで送り届け、三成は徳川家康の屋敷に駆け込んで難を逃れた。

これらの三成との関わりが、関ヶ原の合戦に際して「律義者」義宣の判断を鈍らせた大きな原因だったことは否めない。結局義宣は中立的な態度に終始し、そのために家康の不興を買った。しかし関ヶ原戦後に、かねてから家康と誼《よしみ》を通じていた父親の義重が、家康と秀忠に嘆願したおかげで、佐竹氏は改易を免れて秋田二十万石への減転封の処分で済んだ。最後の清和源氏の嫡流である佐竹氏を滅亡の危機から救ったのは、隠居していた父義重であった。

そして、義宣・政宗双方の叔父である伊達盛重はその時流に翻弄されていた。

佐竹氏の出羽国転封と伊達盛重

理由はともかく、常陸国五十四万石の太守佐竹義宣は、関ヶ原合戦の際に中立的なあるいはもっと積極的に石田三成を盟主とする西軍寄りの立場を取った咎で、戦後徳川家康によって出羽国久保田二十万石に減転封させられた。ときに慶長七（一六〇二）年のことである。この年の四月に義宣は伏見の屋敷に入り、大坂で豊臣秀頼と家康に謁見していたが、五月八日に上使の榊原康政と花房道兼が伏見の佐竹邸に赴き、義宣および弟の蘆名義広と岩城貞隆、さらに佐竹氏と同盟関係にあった相馬義胤に対して改易を言い渡し、義宣には替わりに出羽国を与える旨を告げた。

もちろんその沙汰に異議を唱えることはできようはずもない。詳しい状況が分からないまま、先に常陸国の領国引渡しが進められた。七月中旬までに家臣団の退去と水戸城、常陸太田城などの諸城および領国の引渡しがほぼ完了し、七月二十七日に新領地の家康御判物が義宣に与えられた。そこには、「出羽国の内秋田仙北両所進め置き候　全く御知行有るべく候也　家康花押」

と書いてあるのみだったが、そのときまでに出羽国入国の準備を進めていた義宣は、二日後の七月二十九日に伏見を出発、常陸国には立ち寄らずに出羽国に向かい、江戸から下野へ、そして羽州街道を経由して、九月十七日に土崎湊城に入った。伏見の佐竹邸の武器や諸道具類は日本海を船便で土崎湊に運ばれた。佐竹氏が、安東秋田氏らの旧領主に召抱えられて土着していた地侍達との小競り合いの後に、ようやく新領主として落ち着くまでにはかなりの時間を要した。そして、佐竹氏の出羽国での石高が正式に二十万五千八百石と確定するのは、六十二年後の寛文四（一六六四）年四月、二代藩主義隆のときを待たねばならなかった。

　常陸国に残っていた家臣団も、佐竹義重を中心にして伏見の義宣と連絡を取り合いながら、ときを同じくして出羽国に移住した。当初は一族、老臣のほかは譜代九十三騎の家臣数にして百五十七名が秋田に入ったと言われている。この六年前の文禄五（一五九六）年三月に甥の伊達政宗に追われて常陸に逃れ、慶長五（一六〇〇）年四月に長倉義興の後に柿岡城主になったばかりの伊達盛重も一族の中に含まれていたようで、文献上はこの年の内に横手城の城代になっている。

　幸か不幸か、この年四十九歳の盛重は独身で身軽であった。松森城の合戦の際に城を脱出した盛重は、妻と三男三女の子供たちを宮城の地に残してきた。負け大将の一族郎党は殺されるのが戦国の世の習いであったから、おそらく盛重は、自分の妻子や政宗軍と刃を交えた家臣達が、皆殺しにされることを覚悟したことであろう。

　このときの寄せ手は当然政宗の意を受けている。そして政宗といえば、小手森《おでもり》城（天正十三〔一五八五〕年八月、「女・童は申すに及ばず、犬までなで切りに成させ候……」政宗書状）や佐沼城（天正十九〔一五九一）年七月）で老若男女をことごとく撫で斬りし（小手森城で千百余人、佐沼城で二千五百余人）、父親の輝宗を畠山義継もろとも撃ち殺し（天正十三年十月）、弟の小次郎を自ら刺し殺し（天正十八年四月七日）、さらに文禄四（一五九五）年に重臣で従兄弟でもある伊達成実が高野山に出奔したときには、その妻子や家臣ら男女三十数人を討ち取ったと言われているのである。

小手森城や佐沼城の殺戮戦には、盛重も国分隊を率いて参戦していた。だから、政宗の苛烈な処断は充分承知していたはずである。ところが、不思議なことに松森城では撫で斬りのようなことがあったという記録は確認できていない。『奥羽永慶軍記』によれば、盛重と共に戦った家臣達は「一人も

佐沼城址
2500人余が撫で斬りされた。

首壇
佐沼城で撫で斬りにされた2500人の首が埋められている。

小手森城址
1100人余が撫で斬りされた。

残らず討死にす」と書いてあるのだが、記事中に名前がある盛重の長女の婿の古内主膳実綱は、実際にはそれ以後浪人となっただけで、根白石《ねのしろいし》の居城福沢城に住み続けたようなのである。

これは想像だが、常陸国に亡命したときとは違って、新天地秋田への移住に、常陸に係累のない盛重は、不安の中にも気持ちが軽くなるのを感じたのではないだろうか。

盛重と佐竹氏一行の移住ルート

文禄五（一五九六）年三月に、総勢八十三騎もの家臣を率いて常陸国に亡命した伊達盛重は、初め潮来《いたこ》の嶋崎城の城主とされ、慶長五（一六〇〇）年に長倉義興の後に柿岡城の城主にされた。ところが同年に起きた関ヶ原の合戦で、常陸国主で甥の佐竹義宣は、石田三成と懇意にしていた関係から西軍寄りの態度を見せたために、慶長七年五月に出羽国に減転封処分となってしまった。柿岡城主として常陸国に安住の地を見出していた盛重も、俄の国替えに必然的に同行することになった。四十九歳になる盛重が、自分がこれまで過ごしてきた奥羽と比べてはるかに温暖な常陸国でやっと落ち着こうとしていた矢先の再度の移住に、しかも元国分領だった宮城よりももっと北の見ず知らずの寒い羽後国への移住に、いささかためらいもあったかもしれない。もっとも、自分が生まれてか

柿岡城址（大手口か）（柿岡小学校）

ら国分氏に入嗣するまでに過ごした置賜《おきたま》地方もかなり雪深いところには違いなかったのではあるが。

ところで、常陸国から羽後国へ至るにはいくつかのルートが考えられるが、盛重はどの道を通って行ったのだろうか。それを推理してみたい。

盛重の脳裏に去来したであろうことがいくつか考えられる。まず、自分を放逐した伊達政宗の領国である宮城郡を中心とした伊達領は、できれば通りたくはなかったであろう。次に、前年の慶長六年に、上杉景勝が会津からやはり減転封されて上杉領となった、盛重が生まれ育った置賜郡の米沢、また、高畠の自分が養育された夏刈城や兄輝宗の墓のある資福寺には立ち寄りたかったのではないだろうか。そして、文禄三（一五九四）年に岩出山城を出奔した、政宗の母親である義姫が暮らす山形城、そこに義姫を訪ねたかったのではないだろうか。盛重はこれらの条件を満足するルートを選んだと思われる。

夏刈城址
約1km西方に資福寺跡がある。

伊達輝宗墓（資福寺跡）

佐竹義宣への国替えの言い渡しが行われたのが慶長七年五月八日であり、七月二十九日に伏見を出発した義宣一行が土崎湊城に入ったのが九月十七日であったから、この間に常陸国に残っていた家臣団の移住も逐次行われたものと思われる。盛重に対する「横手城の城代に任ずる」という内容の辞令も既に伝えられていたであろう。

盛重の出発地は柿岡城。武器、家具調度品や日用品などを積んだ荷駄隊は、家臣に守らせて先発させていただろう。この時期ほぼ同時に、常陸国の各地の城から同じような隊列が北の国を目指して出発したはずだ。文字通りの集団移住であった。そして盛重は、宮城から伴って常陸国に落ち延びてきた八十三騎の家臣と常陸国で新たに召抱えた家臣の主だった者を従えて柿岡城を後にした。目的地は横手城。

まず棚倉街道を通って集合地である南郷の赤館城に入り、更に北上して矢吹宿で奥州街道に出ると、次は須賀川であった。この須賀川は盛重にとって因縁のある町であった。

桑折追分（左羽州街道・右奥州街道分岐点）

盛重が選択する可能性のある奥羽山脈を越えて出羽国に入るルートは凡そ三本あった。この当時最も多くの旅人に使われた道は、桑折《こおり》宿で奥州街道から分かれて山中七ヶ宿街道を通り、金山峠を越えて楢下宿に出る羽州街道であるが、この道は上山から北上するので、米沢に行くためには一度南に戻らなければならない。また、伊達領の南端をかすめることになる。
もう一つ、白河から白河街道を通って会津若松に出て、檜原《ひばら》峠から直接米沢にでる会津街道がある。摺上原の合戦の際に、伊達政宗軍がこの道を通って会津へ出たと言われているが、かなり急峻な峠道で、女子供を連れての旅には、選択肢としては除外しても良いであろう。

残るルートは、福島から分かれて板谷峠を越えて米沢に至る米沢街道である。実はこの道は、米沢城を本拠とするようになった伊達氏が、仙道筋に進軍する際に利用するために開削した軍用道であったと言われている。したがって、かつて盛重も甲冑を着けてこの道を通ったことが度々あったはずで、慣れ親しんだ街道であった。

実際に佐竹義重を中心とした常陸国からの移住の一行が通ったであろうルートのヒントが、秋田市立佐竹史料館発行の『佐竹義宣と秋田新時代』に書いてある。それによると、一行は慶長七（一六〇二）年八月二日頃に中継地とした棚倉の赤館城を出発し、須賀川を通り、笹谷峠を越えて羽州街道に入り、天童、金山、横堀、横手、刈和野を経て土崎湊に至ったとされている。天童から先はその通りであろうが、奥州街道から羽州街道に入る道として仙台に極めて近い笹谷峠を選択したというのははたしてどうであろうか。

羽州街道天童宿

女子供連れの一行には、板谷峠越えか七ヶ宿街道から金山峠を越えるルートの方が適しているように思えるのだが。

とりあえず、ここでは板谷峠越えをしたと仮定して話を進めよう。

伊達盛重一行は、福島で奥州街道から分かれて米沢街道に入り、板谷峠を越えて、今は上杉氏の城下となった米沢を通り、かつて盛重が住み（紫桃正隆氏説）、かつ伊達政宗も梵天丸時代に養育されたと言われている高畠の夏刈城に立ち寄り、資福寺の伊達輝宗の墓に詣で、上山から最上氏の城下山形に至ったものと思われる。資福寺はこのときには既に廃寺となっていたかもしれないが、そこには兄輝宗と、殉死した遠藤基信の墓、それに伊達九世政宗夫婦の墓があった。柿岡城を出て赤館城に立ち寄り、山形城下まで約十日の行程であったろう。

山形で投宿した盛重は、おそらく山形城に輝宗夫人の保春院《ほしゅんいん》義姫を訪ねて旧交を暖めたと思われる。もしかしたら、そのときに義姫の兄である城主の最上義光《よしあき》とも会っていたかもしれない。

天童城址

ちなみに伊達氏と最上氏は、室町時代以来たびたび諍いを繰り返してきたライバルであった。それが、永正十一（一五一四）年、長谷堂城の合戦で最上義定が伊達稙宗《たねむね》に敗れて以来、最上氏は伊達氏に従属するという屈辱を味わっていたが、伊達氏内部の争いである天文の乱後に義守がやっと独立を回復していた。

　輝宗の時代になってからも、伊達氏と最上氏は何度かいくさをしていた。盛重がまだ伊達政重と名乗っていた天正二（一五七四）年にも、兄輝宗率いる伊達軍と最上義光軍は最上領内で戦火を交えている。そのときには二十一歳になっていた政重も出陣していたことであろう。その後にも伊達氏と最上氏は戦火を交えているから、かつては敵同士の間柄であった。

　その後、義光は自領の拡張に努め、天正十二（一五八四）年には最上郡全域を支配下に収めている。そのときに最後まで抵抗した天童城主の天童頼澄《てんどうよりずみ》は、国分盛重を頼って落ち延びたらしい。言い伝えでは、頼澄は喜太郎という忍者に導かれて関山峠を超え、宮城郡愛子《あやし》の国分氏の領地に逃れた。愛子には国分一宮諏訪神社が鎮座している。実は頼澄の母親が国分盛氏の娘で、盛重の正妻は盛氏の孫だから、頼澄と盛重は義理の従兄弟に当たることになる。その縁を頼ったものと思われるが、その後頼澄は、伊達政宗によって宮城郡八幡《やわた》（現在の多賀城市八幡）に采地《さいち》一千石を与えられて、家格準一家とされた。

　いずれにしても、盛重が常陸国に出奔するまでの伊達氏と最上氏の、言い換えれば盛重と義光の関係は良好なものではなかったと言っても良いだろう。

国分一宮諏訪神社

それでは、慶長七（一六〇二）年の時点ではどうであろうか。今や五十七万石の太守となった義光は、常陸国五十四万石から出羽国二十万石（このときには石高はまだ不明）に減転封となった佐竹義宣とその叔父の盛重の運命に、ある種の憐憫の情を持ったとしても不思議ではないだろう。

では、互いに伊達家を出奔した経歴を持つ保春院義姫と盛重はどのような話をしたのだろうか。また、義姫が伊達家を出奔した経緯はどのようだったのだろうか。

伊達家の正史である『伊達治家記録』によれば、天正十八（一五九〇）年四月七日、小田原参陣を控えた伊達政宗の前途を祝って、母の義姫が会津黒川城の別邸で送別の宴を催した。ところがこのとき、義姫は兄の最上義光と謀って、政宗の弟の小次郎を伊達氏の家督に据えようと、政宗の食べ物に毒を盛った。幸い政宗は一命を取り留めたが、母親を殺すわけにはいかないと、災いの根であるとして小次郎を自ら刺し殺した。そして、義姫はその日のうちに黒川城を脱出して、兄義光のもとに逃げたとされているのである。

ところが、最近発見された政宗の師であった虎哉禅師《こさいぜんじ》の手紙には、義姫が「文禄三（一五九四）年十一月四日夜に岩出山城から」出奔したと記されているそうである。この手紙が信用できるとすると、百年以上後の元禄十六（一七〇三）年に編纂された『伊達治家記録』は、事件に関する記述が偽りであったことになる。ということは、義姫が政宗に毒を盛ったことも、政宗が小次郎を刺殺したことも、

保春院境内（仙台市若林区）

事実であるという根拠がなくなるし、これまで信を置いてきた国分盛重に関する記述も、実際は政宗に都合が良いように書かれているのではないかと思われてくるのである。

政宗の弟小次郎刺殺事件と母義姫出奔の真相

保春院義姫が、自分の子供である伊達政宗に毒を盛って殺害を謀ったという『伊達治家記録』の記事が偽りだったとすると、そのときに政宗によって殺害されたとされている弟の小次郎はその後どうなったのだろうか。また、義姫はなぜ山形の兄最上義光のもとに逃げて行ったのであろうか。

それらのことについては、元仙台市博物館長佐藤憲一氏の『素顔の伊達政宗』（洋泉社）に詳しいので、それを典拠とさせていただいて述べてみたい。

伊達輝宗と義姫の間には二男二女の子供がいた。長男が政宗で次男が小次郎（竺丸）であるという点についてはいずれの文献にも異論は認められない。ところが、ある文献で「伊達輝宗」の項をみたところ、「妾?：不詳」との間に「秀雄（大悲願寺十五世住職、江戸中野宝仙寺十四世法印）」という子供がいたと記してあった。当時は大名には側室がいるのが当たり前の時代であったから、そのときにはそのような子供がいても不思議はないと思って読み過ごしていたのだが、どこか腑に落ちないところがあって、その「秀雄」が常に頭の片隅にくすぶっていた。今回佐藤氏の著書を拝読したところ、秀雄が小次郎だったのではないかと推測しておられ、それまでの私の疑問が氷解したように思われた。さすがの政宗にも弟は殺せなかったんだ、というどこかほっとした思いがしたが、逆に今度は、では何故小次郎は政宗によって殺されたことになってしまったのか、そして義姫は何故山形に出奔してしまったのかという疑問が湧いてきた。もちろんそれらの点についても、佐藤氏は著書の中で次のように書いている。

「私は、小次郎殺害は伊達家の一本化を図った政宗と母の共謀ではなかったか、と考えている。当時、政宗にはまだ実子がおらず、長男秀宗が誕生するのは翌年である。小田原での豊臣秀吉との謁見は命を懸けるものだった。血統を絶やしかねない、たった一人の弟の殺害はやはり考えにくいだろう。手討ちにしたことにして密かに逃した、と考えられないか」

岩出山城址

山形城址

また、義姫出奔の理由については、政宗が「京都・朝鮮に行っている留守に」、政宗毒殺未遂事件の噂が徐々に家中に広まり、「周囲の疑惑の目に居たたまれなくなった義姫が山形へ出奔したというのが真相ではなかろうか。」と述べておられる。

なるほど、小次郎が殺されなかった理由は確かにそうであったのだろうと思われる。一方で私は、義姫出奔の理由を主に義姫の性格と彼女の伊達家中での立場に求めたい。承知の通り、義姫は男勝りの気丈な性格であった。戦場にまで駕籠を乗り入れて、伊達家と最上家の戦いを調停したことすらあったほどである。その義姫から、理由はともかく、溺愛していた小次郎が政宗によって取り上げられた。その政宗は不在がちで、元々何となく反りが合わない。亡夫輝宗の墓所は高畠の資福寺にある。おまけに会津黒川城から移り住んでいる岩出山は、なじみのない見知らぬ土地である。つまり、義姫にとっては我慢の限界を越えたというのが真相ではないだろうか。彼女が伊達家にいる理由がなくなったとも言えよう。しかも山形城主の最上義光とは、とても仲の良い兄妹であったらしいから、義光からの書状でも受け取って、居ても立ってもいられなくなり、「突然」実家の山形へ帰ったとは考えられないだろうか。

それから八年後の慶長七（一六〇二）年夏の時点に戻る。山形城に義姫を訪ねたであろう伊達盛重は、恐らく義姫からその辺の事情をつぶさに聞かされたものと思われる。小次郎が生きていて、「秀雄」と名乗っていることも知らされたであろう。

それはともかく、小手森《おでもり》城といい、佐沼城といい、ホロコーストの血生臭さが付きまとう政宗には、ここは是非とも『伊達治家記録』の通りに、自ら小次郎を刺し殺して欲しかったところではある。

盛重の羽後国入りと横手城

さて、また慶長七（一六〇二）年夏の羽州街道に戻ろう。

山形城下を後にした伊達盛重一行は、この先軍装を整えて緊張の内に羽後国に向かうこととなる。天童を通過してその日は大石田宿に泊まり、翌日はこの街道の難所の一つ有屋峠を越えて、いよいよ秋田領に入る。この有屋峠は、あまりの難所のために、佐竹氏が秋田に入部してからは、新たに院内峠のルートが開かれた。

ところで、盛重一行が羽後国に足を踏み入れたとき、平鹿郡と雄勝郡は事実上最上領になっていた。そのいきさつは以前に触れているが、簡単におさらいしておく。

戦国期に横手城を根拠地にしてこの辺り一帯約三万石を領していたのは小野寺遠江守義道であった。彼は、慶長五年の関ヶ原合戦に際して西軍に加担して最上義光と戦って敗れ、横手城に幽閉された。そして、翌慶長六年に改易処分を言い渡されて、義道の身柄は石見国津和野城主坂崎出羽守直盛に預けられ、小野寺氏の旧領は、実質的に最上義光が領することになった。

そして、小野寺氏の旧家臣達は、帰農したり、義道に従って津和野に行った者もいたようだが、そのほとんどが浪人となり、他の大小名家に仕官する道を探っていた。その仕官先としては、当然新しい領主となる佐竹氏も選択肢に入っていたが、一方では、秋田にいわば左遷されてくる佐竹義宣一行を、有屋峠で待ち伏せして、義宣を暗殺しようという策謀もあったらしい。

ところで、盛重一行とは別に、同じ頃に義宣の先遣隊として、家老の和田安房守昭為と川井伊勢守忠遠が率いる一隊が秋田に向かっていた。こちらの先遣隊の方が先に羽後国に入ったのだろうが、盛重一行もどこかでその中に加わったのか、あるいは少し遅れて羽後国入りしたのか、それは分からない。が、有屋峠で不穏な動きがあるという情報は得ていたに違いない。だから、先遣隊の一行も盛重一行も、一戦交える覚悟で峠道を登って行ったことであろう。

そして、確かに有屋峠には八木藤兵衛と黒沢甚兵衛に率いられた小野寺氏の旧家臣達が先遣隊を待ち構えていた。しかし、彼らは先遣隊を攻撃しようとしていたのではなかった。佐竹氏の一行を峠で出迎えることで、他の小野寺氏旧家臣による義宣暗殺の策謀を未然に防ぐ役目を果たし、また土崎湊城までの道案内を買って出て、実際に同行したらしい。その功により、後に彼らは佐竹氏に召抱えられることになり、また平鹿郡百万刈《ひゃくまんがり》の開墾も許可されたといわれている。

もし盛重一行が先遣隊と行動を共にしていたとすると、彼らは横手城を受け取った後、城に残って守備を固め、有屋峠から湯沢を経由して横手に至る道筋の警護を整えて、義宣本隊の到着を待ったものと思われる。ただ、この年（慶長七年）の末頃までに、最上領の平鹿郡、雄勝郡と佐竹領の由利郡の領地交換が行われたらしいので、佐竹義宣の羽後国入りの九月時点では、まだ横手城は最上氏の管理下にあったのかもしれない。

勝手に、また都合良く解釈すると、佐竹氏当主義宣の叔父としての盛重の立場をもってすれば、盛重が山形に滞在していたときに、保春院義姫を介して、義宣の代官として最上義光と領地交換について既に話し合っていたとしても不思議はないし、その可能性はかなり高いと思われる。但し、その証拠は何もないのだが、私はその立場をとって、盛重は羽後国入りした当初から、横手城の城代として平鹿郡の統治に当たったと考えたい。

このようにして、横手城代としての伊達盛重の晩年が始まる。この年、盛重は四十九歳。人生五十年のこの時代、彼の気懸かりは跡継ぎがいないことと、宮城の地に残して来た妻子のことであったろう。そしてもう一つ、彼が滅亡させてしまった宮城の名族国分氏の名跡についても、回復させたいと願っていたとも考えられる。

国分氏の系図と盛重の子供たち

慶長七（一六〇二）年、横手城代となった伊達盛重は四十九歳になっていた。結局彼はその晩年をこの地で送り、元和元（一六一五）年七月十五日に死去するのだが、この時点ではもちろんその事は夢想だにしていなかっただろう。

出羽国に転封させられた佐竹義宣とその家臣団は、皆新しく与えられた北の領国で、何とか生き延びようと懸命に働いたに違いない。盛重も、横手城の城代として日々の政務に没頭したものと思われる。そのさなか彼の脳裡をよぎるのは、自分に残された年月のことと、佐竹家中で築いた伊達の名跡の跡継ぎがいないこと、そして、宮城に残してきた妻子のことではなかっただろうか。また、これはあくまでも私の推測だが、宮城の名族国分氏の名跡を自分が絶えさせてしまったことが、最も大きな悔いになっていたのではないだろうか。横手での盛重にはまだこれから一波乱も二波乱もあるのだが、少し目を転じて、彼の子供たちについて考えてみたい。

仙台藩の史官、佐久間洞巌撰の「平姓国分系図」によれば、盛重には三男一女の子供がいたとされている。しかし、秋田久保田藩の「伊達系図」よると、盛重には正妻国分盛廉《もりかど》の娘との間に三男三女がいたことになっている。それに横手で養嗣子として迎えた左門宣宗と、国分院主坊天峰法印の娘楚《そ》乃《の》との間にできた庶子伊賀重吉を加えると、盛重には都合八人の子供がいたことになる。

ところで、以前仙台市博物館を訪れたときに、展示資料の中に「晴宗知行宛行状」という書状があるのが目にとまった。これは、伊達稙宗《たねむね》と晴宗父子の間に生じた伊達氏の内訌《ないこう》である天文の乱の際に、晴宗が国分源三（常信）に宛てた天文十二（一五四三）年七月三日付けの書状で、文面は「萩生郷の内　南方浜田与七郎知行乃分　一歩不残充行之候」というものであった。この内乱は晴宗が勝った形で終わったのだが、この浜田与七郎という武将は稙宗方だったために、結局その所領が取り上げられて国分常信に与えられたということらしかった。かつて出羽国置賜郡萩生《はぎう》には萩生城という城があって、その辺りが国分氏の領地であったということは知っていた。しかし、宮城郡を本拠にする国分氏がなぜ萩生に領地を持っているのか非常に疑問に思っていたのだが、この書状を見てその経緯が分かった。しかし、そのかわり今度は別の疑問が生じた。この名宛人の国分常信という名前が佐

陸奥国分寺薬師堂
仙台市若林区木ノ下にある国分氏ゆかりの寺。

宇那禰神社（芋沢）
国分氏の族臣郷六氏の鎮守。

久間撰の「平姓国分系図」に記載されていないのである。仙台藩の正式の系図であるはずなのに、である。あるいは、別系統の国分氏なのだろうかと思っていたところ、その名前を古内《ふるうち》氏所蔵「平姓国分系図」の十三代目に見つけた。これを佐久間撰の系図に比定してみると、年代的には十四代宗政が相当することになる。ところが古内氏所蔵の系図では、国分宗政は常信の二代後の十五代目になっている。これをどう解釈すればよいか、私には手に余るのでこれ以上の追及はやめることにした。とにかく書状があるということは、国分常信という武将が、その時代に確実に存在していたということになる。つまり、一般的に記述が疑わしいと言われている国分氏に関する文書の中で、少なくとも古内氏所蔵の「平姓国分系図」の記載のこの部分は、佐久間撰のものより確からしいと思って差し支えないだろう。この事実から、この系図を所蔵していた古内氏が、国分氏にとっては家臣でありながら、いかに近い関係であり大きな意味を持っていたか、私はそれが言いたかったのである。

萩生城址

萩生郷・諏訪神社

その関係は、盛重の代になっても変わっていない。以前にも述べているが、盛重の長女が嫁いだ相手が根白石《ねのしろいし》の福沢城主古内主膳実綱であり、文禄五（一五九六）年三月に盛重が常陸国に亡命した後に、実綱夫妻は盛重の末子の小四郎を引き取って養子として育てた。その小四郎は、仙台藩二代藩主忠宗の家老となって岩沼一万六千石を領知し、古内主膳重広と名乗ったが、実は血筋的には立派に国分氏の後継者であった。

盛重の子供たち

秋田の伊達氏の始祖である伊達三河守盛重には嗣子がなかったために、佐竹氏の一門筆頭である東義久の三男五郎宣宗が跡継ぎになったこと、また、盛重が「松森城の合戦」後に国分領を出奔したとき、後には三男三女の実子と一人の庶子が残されたことは先にも述べた。戦国時代の習いでは、これらの子供たちは敗軍の将の遺児としてすべて殺されるのが当然であったはずなのだが、それも、わずか五年前の天正十九（一五九一）年に、佐沼城で葛西大崎一揆の残党二千五百人余を皆殺しにしている伊達政宗が相手であったのに、不思議なことに一人も殺されなかったのである。国分氏に関する史料はあまり多くはない上に、あってもどう解釈したらいいか迷うことが多いのだが、盛重の子供たちがなぜ殺されなかったのかも謎の一つである。

それはともかく、これらの子供たちはその後どうなったのだろうか。既に述べたように、長女は国分氏の一門であった古内主膳実綱に嫁していたのだが、盛重の亡命後、その実綱夫妻がまだ幼年であった末弟の小四郎を引き取って養子として育てた。その子が後に古内氏を継いで主膳重広と名乗り、事もあろうに自分の生家を滅ぼした従兄弟の政宗に騎手として仕えて、後に二代藩主となる忠宗の守役とされ、忠宗の襲封後は奉行職に就任し、更に国老として永代着坐に列せられ、岩沼要害一万六千石を領知したことは前に述べた通りである。

一方、盛重の長男と次男は出家している。『秋田武鑑』などによれば、一人は名を実永《じつえい》と称し、仙台坊主町の龍寶寺の住持となり、覚性院《かくしょういん》を開基して明暦元（一六五五）年に死去している。もう一人は宥実《ゆうじつ》と名乗り、出羽国寒河江《さがえ》の平塩寺《へいえんじ》の住持（住職）となったが、どちらも、僧位としては最高位

佐沼城址

首壇
佐沼城で撫で斬りされた2500人の首が埋められている。

白山神社（木ノ下）
国分氏の鎮守社。

の法印に叙せられた。

他に盛重には伊賀重吉という妾腹の子がいた。『泉市誌』によれば、母は国分院主坊天峰法印の娘で名を楚乃《その》といった。盛重亡命の後、どのような縁があったのか松島湾の桂島の馬場主殿《とのも》を頼り、その後国分氏ゆかりの地である仙台の木ノ下に移り住み、野村に白山神社を祭って荒巻の野谷地の開墾に従事したという。この子孫は国分姓を名乗らず、馬場あるいは桂島姓を称して現在に至っている。

伊達政宗が家督を相続した後、所領を拡大するために戦火を交えた相手はほとんどが親類縁者だったことはよく知られているが、それらのうち政宗の父輝宗の兄弟だった留守政景、石川昭光の子孫は江戸時代には伊達氏の一門として名を連ねている。しかし、同じく輝宗の弟の盛重が養子に入った国分氏は、重臣の中にその家名を見出せない。ところが、政宗が慶長五（一六〇〇）年に出羽国の最上氏を攻めるために出兵したとき、白石縫殿介《ぬいのすけ》、萱場式部、朴沢蔵人《ほうざわくろうど》ら国分氏の家臣だった人々が、まとまって「国分衆」として伊達軍の指揮下に入っている。これは国分氏が政宗に滅ぼされて僅か四年後のことである。ここにも謎がある。

古内重広と宮城の古内氏

古内重広《ふるうちしげひろ》は、国分氏に入嗣して十八代となった伊達盛重と国分十七代盛廉《もりかど》の娘との間の子供であり、伊達氏と国分氏の血を半分ずつ受け継いだいわば血統書つきの御曹司であった。だから、盛重が文禄五（一五九六）年に常陸国へ亡命した事件がなければ、後に僧となった他の二人の兄弟と共に、あるいは国分氏を継いでいたかもしれなかった。しかし、彼は終生古内姓を名乗った。以前にも述べているように、重広は六歳のときから古内主膳実綱《さねつな》の養子として生育した。そして、養父であり義兄でもある実綱に子がなかったために古内氏を継いだとされているが、実は実綱には実子がいた。

この時代、家を継ぐ嫡男は、先代の片諱《へんき》（名前の一字）も継承するのがほぼ慣わしであった。その慣わしに従えば、古内氏を継いだ重広は、「実〇」あるいは「〇実」と名付けられなければならなかったはずであろう。ところが、実際に付けられた名前は、国分盛重の一字を取った「重広」だった。そして、義弟は実綱の一字を取って「義実」と名付けられた。

これはあくまでも私の推測にすぎないのだが、古内氏にとって養子であった重広は、後々古内姓から主家に当たる国分姓に戻ることを前提にして「重広」と名付けられ、したがって、古内氏は重広の義弟で実綱の嫡男の義実が継承することになっていたのではあるまいか。つまり、盛重が絶えさせてしまったとされている「国分氏」の名跡は、実は伊達氏の家臣として新たに重広が再興するというような政宗との約束の下で、盛重が常陸国に「平和裏に」亡命したとは考えられないだろうか。そのように考えると、「松森城の合戦」の後で盛重が常陸国に出奔したときに、妻子をすべて宮城に残して、それが皆殺されずに無事だったことも、八十三騎もの家臣を連れて松森城から伊達氏の領国を約百キロも突っ切って無事に常陸国まで落ち延び得たことも、常陸国ですぐに潮来の嶋崎城の城主になったらしいことも、みな盛重と政宗と佐竹義重らとの打ち合わせ通りの予定されていた出来事だったと思えなくもない。

それから十数年の歳月が流れた。古内実綱に養育されていた重広は、約束されていたかのように、慶長十三（一六〇八）年、二十歳のときに騎手として政宗に召抱えられ、後に嫡子忠宗の守役とされ、寛永十三（一六三六）年、八月家老である奉行職に任じられ、岩沼要害一万六千石を治めた。したがって、重広は古内姓を名乗ってはいたが、実質的には盛重が企図した通りに「国分氏」を再興させたと言っても差し支えないのではないだろうか。

では、古内氏と国分氏に別の接点はないのだろうか。そのあたりの事情について、しばらく重広を離れて、また時代が前後することにはなるが、少し考察してみよう。

宮城の古内氏も国分氏同様その来歴が不明瞭な一族である。紫桃正隆氏は『みやぎの戦国時代　合戦と群雄』の中で古内氏について詳細に述べられているが、結論は曖昧なままになっている。ただ一つはっきりしているのは、その出自が下総国または常陸国の関東であろうということである。

下総国にルーツがあるとする説では、その遠祖は結城朝光十二世国分治部宗広の次男宗朝で、宗朝の嫡男宗時が明応元（一四九二）年に奥州に来て国分氏に仕え、根白石の小岳城に拠って古内氏を称したとする。

一方の常陸国にルーツがあるとする説では、その遠祖を佐竹伊賀守義武とする。この義武が、南北朝時代の延文四（一三五九）年に関東公方足利基氏に従って下総国（?）古内邑に住んで古内氏を称したという。その義武の七代孫重時が、弘治元（一五五五）年、家臣九人と共に奥州に流れて来て国分十四世宗政に仕え、国分荘上谷刈《かみやがり》に土着して福沢城に拠って古内氏の祖となったとする。そして、この三代後が古内主膳実綱であった。

宮城の古内氏、秋田の古内氏

伊達盛重の末子である古内主膳重広について、そして、古内氏という比較的地味な一族について更に考察しよう。

前に、古内氏も国分氏同様その来歴が不明瞭な一族である、と書いた。それを「宮城の」古内氏と限定しても良いであろう。紫桃正隆氏によっても結論は曖昧なままになっている。何故か？　それは資料が極端に少ないからである。何故資料が少ないのか？　以前にも述べたことだが、国分氏にしても古内氏にしても、中世後期の宮城の支配者だったこれらの国分一族の歴史は、近世の征服支配者である伊達氏によってきれいに消し去られてしまったからであろう。

一つ面白いことがある。米沢を中心とする山形県の置賜郡《おきたま》は、かつては伊達氏の領国の中心地であったが、慶長五（一六〇〇）年の関ヶ原の合戦以降は上杉氏の所領となった。そして、城館（例えば舘山城や夏刈城）や寺院（例えば資福寺）など伊達氏の臭いのするものは、上杉氏が必要としたものを残して、すべて破却されてしまった。つまり、宮城で伊達氏が国分氏などの旧支配者に対して行った行為を、置賜では伊達氏が上杉氏にやられているのである。因果応報とでも言えようか。

さて、宮城の古内氏が下総国または常陸国の関東の出自であることは異論のないところであろう。

紫桃正隆氏によれば、下総国にルーツがあるとする説では、その遠祖は結城朝光の十二世孫である国分治部宗広の次男宗朝で、一方の常陸国にルーツがあるとする説では、その遠祖を佐竹伊賀守義武としている。ただし、文献に当たってみたが、国分治部宗広も、その次男とされる宗朝も、また佐竹伊賀守義武も見つけることができなかった。実在したかどうかも不明である。いずれ、それぞれ結城氏、佐竹氏の傍流に属する系統の末裔であって、何らかの理由によって奥州に流れて来て土着した人々であろう。しかし、結城氏、佐竹氏の末裔を称している以上、何らかの関わりがあることだけは間違いがないと思われる。

それはともかく、結城氏は藤原秀郷に発する流れだから、その姓は当然藤原氏である。一方佐竹氏は清和天皇の六代孫源義光の長男義業とその子佐竹昌義からの流れだから、その姓はれっきとした清和源氏である。両者は当然家紋も異なるはずである。藤原秀郷流の藤原氏の家紋は「三つ巴」紋、一方源氏の家紋は「三つ引き両」紋や「笹竜胆《りんどう》」紋であり、また佐竹氏は「五本骨扇に月丸」が有名である。ついでではあるが、国分氏は元々桓武平氏の千葉胤通《たねみち》を祖とす

舘山城址
近年発掘が進み、仙台城の原型だった可能性が示唆されている。

高畠・資福寺跡（伊達家墓所）
九世伊達政宗夫妻、十六世伊達輝宗と殉死した遠藤基信の墓がある。

るから「九曜」紋を用いた。それが七代胤輔《たねすけ》の養子胤親《たねちか》（結城親光次男）か十四代宗政が、小山氏（長沼氏）流の藤原氏を称するようになったのだが、家紋は「九曜」のままであった。ただし、この辺りの系図にはかなりの混乱が認められるので、鵜呑みにはできないところではある。

では、宮城の古内氏は藤原氏なのであろうか、あるいは源氏か、それとも国分系の平氏なのであろうか。これがよく分からない。何となく小《お》岳《がく》城の古内氏は結城氏系の藤原氏で、福沢城の古内氏すなわち古内主膳実綱の系統が佐竹氏系の源氏のように思われるのだが、実際はどうなのであろうか。なお、この二つの城は徒歩数分のごく近い距離にあって、系図上はともかく血縁的には近い関係にあったものと考えられる。

ずっと以前に、古内重広の直系である岩沼の古内氏の家紋について調べたことがあった。自分では

福沢城址土塁
古内主膳実綱の居城。

古内郷・清音禅寺
銘茶「古内茶」の母木がある。

調べあぐねて、結局仙台市博物館の学芸員の方に調べていただいたところ、「左三つ巴紋でした」というご返事をいただいた。ということは「福沢城の主膳系も藤原氏？」で、また行き詰まってしまった。私が欲しかった回答は、岩沼の古内氏即ち福沢城の古内氏は佐竹氏系の源氏で、「三つ引き両」などの源氏系の家紋を使っている、というものだったからである。

しかし『泉市史（上巻）』によると、「伊達世臣家譜記載の泉市域の藩士と医師」の一覧表の中に古内氏が五家挙げられていて、そのうち三家が藤原氏で、他の二家が源氏とされている。これは自己申告であろうから、必ずしも正確ではないだろうが、総じてみれば妥当なところと思われる。

実は、古内氏にはもう一つの系統がある。宮城の古内氏との関連は明確ではないが、こちらの方は出自がはっきりしていて疑問を差し挟む余地すらない。それは、「秋田の」古内氏とでも呼ぶべき系統で、佐竹十六代義舜《よしきよ》の末子一渓斎義康が、常陸国那珂西郡古内郷に住んで古内氏を名乗ったことに始まる。だから、紛れもない清和源氏であるが、家紋は佐竹氏の「五本骨扇に月丸」ではなく、「古」の文字を意匠化した家紋を用いた。この一渓斎義康の子の古内下野守義貞は、佐竹氏の秋田国替えに従って出羽国に移住して、初め檜山に、後に大館に置かれた。そして、この古内氏は佐竹氏一門の高い格式である「引渡一番座」を与えられて幕末まで続くのである。

伊達盛重の子孫は、佐竹氏の一族として「引渡二番座」の家格を与えられて家系を継いだが、家老となった六代峯宗と藩主の相手番となった七代敦宗の正室は、この秋田の古内氏から出ているのである。

佐竹一門古内氏の家紋

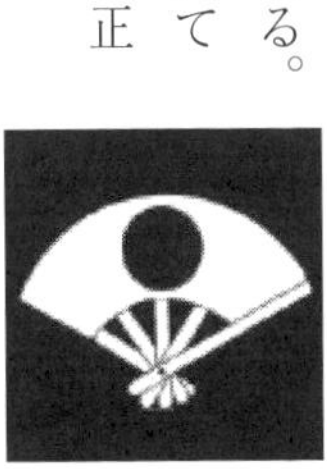
佐竹氏の家紋「五本骨扇に月丸」

話を、また伊達盛重の末子古内主膳重広に戻す。

古内重広の生涯

重広の生年は、没年から逆算すると天正十六（一五八八）年ということになる。だから、盛重が常陸国に出奔した文禄五（一五九六）年にはまだ八歳だった。他に重広は天正十八年生まれで、このときには六歳だったという説もある。一説では、このとき小四郎（重広）は国分氏の旧臣伊藤弥左衛門に守られて、宮城野原国分寺の経櫃の中に身を隠して追っ手の目を逃れ、その後旧領地の根白石《ねのしろいし》に隠棲して古内氏に匿われたとされる。そして、これまで度々述べてきたように、実姉が嫁いでいた古内主膳実綱の養子となった。

慶長十三（一六〇八）年重広は二十歳になっていた。重広は若いときから乗馬に勝れ、この年、伊達政宗に召出されて二両四人扶持で騎手となった。そして、後に世子忠宗の守役となり四十貫文（四百石）を給された。また、元和元（一六一五）年五月には大坂夏の陣に出陣。この年二十七歳の重広は、道明寺の戦いで敵の首級を挙げる戦功を立て、五百石に加増された。

この前年の大坂冬の陣では、大坂城の南方の松屋町口に伊達政宗軍が布陣していたので、その陣中には重広もいたであろう。佐竹義宣軍が展開していた今福村から松屋町口までは五キロ程しか離れていない。恐らくほぼ二十年ぶりで盛重と重広は大坂で再会していた、と思いたい。

寛永十三（一六三六）年五月二十四日、伊達政宗死去。幕府から忠宗が襲封を許されて仙台に入府し、八月二十六日重広は奉行職（家老）を命じられ、要害岩沼にて二百五十貫文（二千五百石）を給された。

重広は寛永十九（一六四二）年に忠宗より伊豆野原の開墾を命じられ、正保三（一六四六）年、開拓事業に成功して、一万六千石の大身となった。慶安四（一六五一）年筆頭家老となったが、明暦三（一六五七）年三月、奉行職を辞して隠居した。

『東藩史稿』によれば、重広は「長六尺、状貌最モ美ニシテ、性剛直才量アリ」と記されており、背の高い美男子であったようだ。また、「資性剛直にて才量群を抜き己を虚にして人に下り、過ちを改めるに憚ることがなかった」とも評され、儒者内藤《ないとう》以貫《いかん》や雲居《うんこ》禅師《ぜんじ》らとの交友により大いに教化を受けたらしい。

万治元（一六五八）年七月十二日、忠宗が腸チフスのために逝去した。享年六十歳。重広は大町頭《がしら》の自邸で、即日追い腹を切って殉死した。享年七十歳であった。興味深いことに、重広夫妻の墓は所領の岩沼ではなく、根白石の大満禅寺にある。この寺は、重広の

古内邸跡（大町頭）
広瀬川を渡ると仙台城大手門と二の丸跡になる。

大満寺
仙台市泉区根白石にある。古内重広と夫人高木氏の墓、その後数代の古内氏の墓がある。

実父国分盛重の寄進によって建立されたものであり、自分を養育してくれた、義兄で養父の古内実綱の居城福沢城のすぐそばにある。また、主君忠宗の位牌寺となっていて、伊達藩より三十六石の寺領を寄進されたという。

大満寺の重広の墓所は急坂を登った小高い丘の上にあり、中央に石仏があって左右に墓石が居流れている。樹木に囲まれた墓所は、全体として南を向いている。私は初めてここを訪れたとき、石仏の左右にある墓石のいずれかが重広の墓と思って碑面を見てみたが違っていた。また、左手前の二基と右手前の一基は、重広に殉死した古内家の家臣、木名瀬直定、中山師則、鈴木兼行のものであった。

福沢城址

大満寺・古内重広墓所

古内重広墓
左端が古内重広の墓、ほぼ真西を向いている。

不思議に思ってよく探してみると、重広の墓は石仏の左後方にある小振りのものであった。ところが、この墓石は石仏や他の墓石と違って別の方向に向いて建てられている。重広の墓地であるにも関わらず、それが何故なのか非常に奇異に感じたが、そのときは疑問を抱えたまま立ち戻った。

その後、文献等に当たってみたが理由が分からなかった。しかし、大満寺周辺の地図を眺めていたとき、何となく思い当たる節があって再び大満寺を訪れた。そして、持参したコンパスを墓石に当ててみたところ、重広の墓はほぼ真西に向けて建てられていたということが分かった。

これは飽くまでも想像だが、重広は主君伊達忠宗の守役を最後まで貫こうとしたのではないだろうか。忠宗が亡くなると、その日の夕刻に切腹し、その棺は夜半に古内邸の門前を通る忠宗の葬列の後につき従って経ヶ峰の瑞鳳寺に向かったという。そして、忠宗を西方浄土へ案内する先導役を務めるため、墓石を西に向けて建てるように遺言したと考えると納得できるように思われるのである。

大坂冬の陣と伊達盛重

「大坂冬の陣」は、横手城代伊達三河守盛重の命運を決するまさしくキーポイントであったと思われるので、以下概説してみたい。

大坂の陣は慶長十九（一六一四）年十一月の「冬の陣」と、その翌慶長二十年五月の「夏の陣」の二回の戦闘があって、日本史的には、豊臣秀頼と淀の方が自刃して豊臣氏が滅亡し、徳川氏による幕藩体制が確立して太平の世が訪れたという意義を持つ。近世の幕開けである。

この大坂の陣では、徳川幕府方についた大名のうち、関ヶ原の合戦で西軍寄りの姿勢を示した諸家が、徳川氏への忠誠心を試される形で激戦地に配置された。その代表的な大名が、常陸五十四万石から秋田二十万石に減転封された佐竹氏と、会津百二十万石から米沢三十万石に減転封された上杉氏であった。佐竹義宣と上杉景勝が配置されたのは、大坂城の大手口とは反対側の京橋口に攻め込む大和川（現在の寝屋川）の両岸の湿地帯で、佐竹軍が北岸の今福村、上杉軍が南岸の鴫野《しぎの》村であった。軍勢が進めるのは、大和川を挟む両岸の土堤上の一本道だけで、豊臣軍はこの堤防に、今福側は四カ所、鴫野側は三カ所の防御柵を築いていた。

慶長十九年十一月二十六日早朝、徳川家康の命令で、今福と鴫野の両方でほぼ同時に戦闘が始まった。このときの戦闘の有様が『横手郷土史』に述べてあるので引用しよう。

「敵軍は大に敗れて第三柵に（中略）退縮するを見て、義宣、『こゝは敵の要地にして、我の害地と思はれる、少し陣を退けるは宜しいではないか』と言はれたれど、（筆者注・渋江）政光勝ち誇つて敢て命を奉じない。大塚資郷は、『機を見て疾驅し

鴫野古戦場碑

大和川今福堤跡（右側）
前方建物の方角に大坂城がある。

て大阪《ママ》城に入らう、然らざれば片原町の人家を焼き拂って陣しよう』といへども、政光はまた之にも從はぬ。さて湟を越えて兵を三分し、伊達參河盛重を先鋒とし、石塚大膳義辰を之が次たらしめ、戸村十太夫義國と小野大和義繼（後に小野岡と改む）との兵を合せて一隊とし殿たらしめ、自らは留つて士卒を指揮した。激しく銃戰すること二時間にして、我は皆柵を占領した」

　このように今福では、家老の渋江内膳政光の指揮の下、佐竹軍が豊臣方守備隊に攻撃を仕掛け、初めは防御柵を次々に突破して大坂城近くの片原町まで進出した。『横手郷土史』に記されているように、伊達盛重は佐竹軍の先鋒の大将を務め、先頭を切って豊臣軍を攻めたものと思われる。しかしその後、豊臣方に木村重成と後藤又兵衛基次が援軍に駆けつけ、木村隊は堤防上から、後藤隊は川に浮かべた軍船から佐竹隊に銃撃を仕掛け、佐竹隊は本陣前の柵まで押し戻されてしまう。この戦闘で指揮していた渋江政光は、乗っていた馬に銃弾が当たって落馬し、豊臣方の兵に討ち取られてしまった。一説では、政光は義宣をかばって被弾したとも言われている。このとき政光はまだ四十一歳の若さで、この功によって、渋江氏は永代家老に列せられたという。追い詰められた佐竹義宣は、鳴野で豊臣軍を攻撃していた上杉景勝に救援を求めた。

　その鴫野では、上杉軍が初めは土堤を占拠したが、大坂城から大野治長、竹田永翁、渡辺糺らの大軍が救援に駆けつけたた

大坂城

め、第一柵まで撤退させられた。一進一退の戦闘の後、上杉軍が至近距離から五百挺の鉄砲で一斉射撃をして突撃すると、豊臣軍は後退して大坂城にまで押し戻され、鴫野での戦闘は終了した。そこに、今福の佐竹義宣から援軍の要請がきた。

上杉景勝はその要請に応えて、堀尾忠晴、榊原康勝らと大和川の中洲から今福堤の敵兵に銃撃を加えたため、豊臣軍は撤退して大坂城に逃げ戻った。

この大坂冬の陣の功に対して、幕府から諸大名の家臣十二人に感状が出されたが、このうちの五人が戸村十太夫義国ら佐竹氏の家中の者であった。

先に述べたように、伊達盛重も先鋒の大将として参陣していた。二十キロを超える甲冑を身に纏って馬に跨った盛重は、激しい銃撃の格好の標的になったことであろう。既に六十一歳になっていた盛重は、このいくさで手傷を負い、翌元和元（一六一五）年七月十五日に横手城で死去したものと私は想像しているが、残念ながら文献上そのような記録は確認できていない。

女たちの戦い

伊達盛重の娘たち

伊達盛重《もりしげ》の娘たちについて触れてみよう。

以前には盛重に三男一女の実子がいたという前提で話をした。これは仙台藩の史官佐久間洞巌《さくまどうがん》撰「平姓国分系図」に拠ったからである。しかし、秋田久保田藩には別に「久保田藩伊達氏系図」があって、当然こちらは初代が伊達盛重であり、盛重の子供たちについての記述は佐久間撰のものよりはるかに詳しい。考えてみればそれは当然のことで、仙台藩では国分氏は滅亡した過去の一族であり、その系図も簡潔に過ぎるきらいがあり、どこかお座なりの観を拭えない。一方秋田では、盛重に始まる伊達氏は、家老を務める家格「引渡二番座」の佐竹一族の家である。その由来や事績について綿密に調べてあっても何ら不思議はないであろう。

その「伊達氏系図」に拠れば、盛重の子供は実子として三男三女、養子として左門宣宗の合計七人が記されている。そのうち第一、四、五子が女子である。念のため断っておくが、女子については一般的にその名前も生没年も不詳のことが多く、それは「伊達氏系図」においても同様である。

第一子は古内主膳実綱に嫁いで、後に重広を養育した「古内実綱の室」である。これまで度々述べてきたように、古内氏は国分氏の家臣団の中では重要な位置を占める一族であり、嫁ぎ先としては順当なところであろう。

ここで問題にしたいのは、第四子と第五子の嫁ぎ先である。

第四子は、八幡《やわた》兵庫景廉に嫁いでいる。八幡氏は元々桓武平氏で、下野国梁田郷保田庄に住して保田氏を名乗っていたが、鎌倉幕府のときに保田景家が宮城郡の八幡、蒲生《がもう》など四カ村を領し、八幡介を称して八幡氏の祖となったと言われている。八幡氏は、南北朝時代の康安元（一三六一）年に留守氏と戦って敗れ、応仁の乱（一四六七〜七七）の頃までに留守氏の配下に入ったらしい。その後は留守氏に臣従したが、景廉のときに下間氏を継いだ弟の業継との間で家督相続の争いが起こり、主君の留守政景が下間館を攻めて、八幡氏は景廉に安堵された。その景廉に盛重の第四子が嫁いだのである。

一方、第五子であるが、こちらは餘目《あまるめ》次郎左衛門宗家に嫁いでいる。餘目氏は元来留守氏の一族で、その上席家老を世襲する家柄であったと言われている。留守氏は、源頼朝の奥州討征後に陸奥国留守職に任命された伊沢左近将監家景を祖としている。この留守職というのは鎌倉幕府の中でも特殊な官職で、幕府が置いた地頭御家人に下知して国事を行うのと同時に、律令制下にある多賀国府の役人に対しても命令を下し、後には高用名《こうゆうみょう》（中世の地名。宮城郡の国司があった）の地頭として主従関係を結ぶようにもなったらしい。一介の御家人ではあったが、他の地頭御家人よりは上位の存在であり、葛西氏とともに奥州総奉行と呼ばれた。

ところで、家景《いえかげ》は伊沢《いさわ》氏を苗字としていたが、その子家元は職名を姓として留守《るす》氏を名乗るようになった。この家元の二代後の家政が分家して興したのが餘目《あまるめ》氏で、この餘目氏は永正十一（一五一四）年に成立した「奥州餘目記録」を残し、中世諸大名の動向を伝える貴重な資料となっている。

留守氏は、正平六（一三五一）年に畠山氏と吉良氏の二つの奥州管領が争った「岩切城合戦」以来、同じ宮城郡の地頭である国分氏と度々武力衝突するようになり、陸奥守護職として伊達氏が勢力を拡大させて、両氏をその影響下に置くまで抗争は続いた。つまり、伊達晴宗の三男政景が留守氏を継ぎ、五男盛重が国分氏に入嗣するまでである。

国分盛重の第四子「八幡景廉の室」と第五子「餘目宗家の室」の嫁ぎ先は、いずれも国分氏の仇敵留守氏の家臣の家、つまり婚礼を許可する立場の伊達本家の当主である政宗にとっては陪臣の家である。政宗の叔父である盛重の娘たちは政宗にとっては従姉妹に当たる。普通なら直参の家に嫁がせるのが筋であろう。盛重がこのことを自分を軽んずる政宗の露骨な嫌がらせと受け取って、恨みを抱いたとしても不思議ではなかった。

岩切城址（留守氏居城）

松森城址から見た岩切城址

伊達晴宗の久保姫略奪婚

伊達盛重は、「久保田藩伊達氏系図」によれば天文二十二（一五五三）年三月十日に生まれたとされている。生まれた年については他の文献でも同様だから間違いないであろうが、月日について記してあるのはこの系図だけなので、その真偽については確かめようがない。ただ、この系図は盛重を初代として、明治四十年に亡くなる睦宗までの十代にわたってかなり詳細に記してあり、久保田藩の家老を務める「引渡二番座」の家格の家柄のことでもあり、その信憑性は高いと思われるので、私はその月日を採用することにした。

その天文二十二年三月十日、盛重は伊達十五世晴宗と久保姫（後の栽松院《さいしょういん》）との間の五男として米沢城で生まれた。晴宗が置賜《おきたま》地方を伊達氏の本拠地と定めて米沢城に移ったのは天文十七（一五四八）年九月のことで、それまでは桑折《こおり》西山城に約十年、その前は十四世稙宗《たねむね》の時代になるが、梁川《やながわ》城を根城にしていた。伊達氏は現在の福島県北部の伊達郡を発祥の地とするから、当然といえば当然ではあるが。晴宗が伊達郡を離れて置賜地方に本拠を構えてから、伊達氏は戦国大名として脱皮した。そしてその萌芽は、実は晴宗の婚姻に求められる。正妻となった久保姫が、後々伊達氏およびその周辺の諸大名に及ぼした影響は計り知れないものがあり、ひいては伊達十七世政宗が奥羽に覇を唱え、仙台藩六十二万石を築く礎ともなったと思われるのである。

晴宗と久保姫の結婚、それは極めて異常な事件から始まった。以下にその顚末を述べる。盛重の子女のところでも触れたが、この時代の女性の名前が、今に伝わるのは非常に珍しいことと言えよう。だから、久保姫と呼ばれるこの女性には、特別に印

梁川城址本丸庭園遺構

象に残る特徴があった。

久保姫は、大永元（一五二一）年に岩城地方を支配する岩城重隆の娘として生まれた。幼い頃から評判の美人で、笑窪が可愛らしかったために「笑窪姫」と呼ばれ、それがいつしか「久保姫」と転訛したのだという。だから、久保姫というのが本名であったという訳ではないと思われるが、美人だったことに加えてかなり聡明でもあったらしい。

この当時、各地に割拠する大小名は、その生存を賭けて離合集散を繰り返し、そのために子女の政略結婚が日常的に行われた。それは久保姫にとっても例外ではなかった。天文三（一五三四）年、久保姫の父岩城重隆は、伊達氏、相馬氏、田村氏らに対抗するために白河の結城義綱と組むことを画策し、義綱の嫡男晴綱へ久保姫を輿入れさせる約束をした。ところが、それを知ってか知らずか、相馬顕胤《あきたね》が久保姫を伊達稙宗の嫡男晴宗の嫁に貰い受けたいと仲介してきた。先約があることでもあり、重隆は当然これを断った。

岩城大館城址（主郭）

晴宗は永正十六（一五一九）年生まれだからこのとき十五歳、元服したばかりの若武者であったろう。一方、久保姫はまだ十三歳の少女だった。久保姫の「美少女伝説」は晴宗の耳にも届いていたのであろう。彼はどうにもあきらめきれなかった。稙宗にとっても、断られて黙っていては伊達家の沽券に関わると思っても不思議はなかった。しかし、岩城重隆は久保姫の結城氏への輿入れを強行した。

そして、その輿入れの行列が「滑井」という所にさしかかったとき、晴宗率いる三百余騎二千余人の伊達の軍勢が突然襲い掛かって、久保姫を略奪したというのである。

ところで、この「滑井」という地名が白河近辺には見当たらない。したがって、現在その場所は特定できていない。福島県西白河郡中島村「滑津」か、須賀川市「滑川《なめがわ》」のいずれかであろうとされている。

この話は『奥羽永慶軍記』の中に、「奥州滑井合戦の事」として書かれているのだが、どうも今一つ腑に落ちない。何故か。

当時、伊達氏の居城は梁川城であった。久保姫の嫁入りの行列は、岩城から西に向かい白河に至る。梁川から「滑井」まで行こうと思えば、二本松の畠山氏や須賀川の二階堂氏の所領を通らなければならない。彼らは、伊達氏に対して必ずしも好意的ではなかった筈だから、伊達氏の嫡男晴

滑井の推定地、須賀川市滑川の滑川神社

岩城大館城址（大手口か）

宗が率いる三百余騎二千余人もの武装した軍勢が秘密裏に通過できたとは考えにくい。『奥羽永慶軍記』はその行程について「百三十余里」で「二日」かかったと記している。だから、この略奪劇は、伊達家の実力を示すために堂々と実行されたと考えた方が、かえって納得できるのである。

だとすれば、伊達方の総大将が弱冠十五歳の伊達晴宗だったとは考えにくくなる。本当のところはこの三百余騎二千余人は、父稙宗配下の侍大将が率いる組織された急襲部隊だったのであろう。だから『奥羽永慶軍記』の記事は、物語として面白く脚色されたものと考えたほうがよいと思われる。

『奥羽永慶軍記』中の「奥州滑井合戦の事」を引用すると、実際には以下のように記している。

「伊達二郎晴宗、此の姫美人の聞《きこえ》有りければ、いかにもして我が妻にせばやと思ひ、郎等一人白川（河）に忍ばせ、婚礼を伺ひ聞かせけり。既に其の日ちかくなりければ、半途に進発して、奪ひとらん事双手の中にありと思ひ定めて、究竟の勇卒三百余騎をすぐって、……百三十余里の道を二日に打て、岩城と白川（河）の中の間の滑井といふ所に至り、……相待ける。岩城是をば夢にも知らず、姫を白川（河）にぞ送りける。晴宗待得し事なれば、二千余人の勢三方より押つつみ、鬨を作る。

岩城の者どもかかる事のあらんとは思ひよらず、……或は岩城に逃帰るもあり、白川（河）へ逃行きて是を告るもあり、或は追討になるもあり。残り留る者百余人、……防ぎ戦ふといへども、散々に切立てられ、はや輿をば奪はれたり。其の外付添ふ女房共をも皆々取りて、用意の乗物に打のせ、……伊達方へぞ趣ける。追々に伊達・信夫の者ども、迎の為に走り続きければ、……路次の程恙なくこそ急ぎけれ。

白川（河）、この鬱憤を散ぜんと永く敵とぞなりにける。

扨《さて》も伊達晴宗岩城の婿となり給へども、非道の振廻なれば、岩城より勘当の身となりて、音信絶たる所に、笑窪御前、時々使者をして歎き訴ぬれば、……免許せらる。
扨も伊達晴宗、妻容色美なるのみならず、優にやさしく妹背の中浅からず。されば、他腹の子とてもなし。此の妻十一人を産めり」

では後段を読み解こう。

白河の結城義綱、晴綱父子は、この略奪劇で面目をつぶされた訳だから、当然伊達氏に対して反感を持った。藤原秀郷五世孫頼行を祖とする結城氏ではあったが、下総結城氏が関東屋形として勢力を振るったのに対して、白河結城氏は全般的に振るわず、常陸の佐竹氏との抗争の挙句、晴綱死後に佐竹氏に従属することになる。晴綱は元亀二（一五七一）年頃に失明して病の床に着き、結城氏の実権は一門筆頭の小峰義親（晴綱の実子か？）が握った。しかし翌元亀三年二月には、佐竹義重が突然白河結城氏の拠点白河城を襲って陥落させ、結局天正十七（一五八九）年に豊臣秀吉に滅ぼされてしまった。だから、「白川（河）、この鬱憤を散ぜんと（伊達氏と）永く敵と」なったとは言っても、伊達氏の勢いに抗すべくもなかったというのが実情であったろう。

晴綱は、天文十一（一五四二）年から十七年の間、奥羽の諸大名を巻き込んで争われた伊達氏天文の乱に際して、天文十五年に晴宗から稙宗方についた田村氏を背後から牽制するように要請を受けたが、それには応じず、積極的にこの乱に参加することはなかった。伊達氏による久保姫略奪事件から十二年経ってはいたが、「恋敵」晴宗の要請に応えられる程には、被害者である晴綱の心の傷は癒えてはいなかったのであろう。

歴史を語るときに、「たら」「れば」は禁物であるが、敢えて「久保姫が晴綱に嫁いでい『たら』」と考えると、彼女の晩年は決して幸福なものではなかっただろう。久保姫の寿命が実際と同じ長さだったと仮定すると、五十歳のときに「夫」の晴綱が失明して重病の床に着き、その翌年佐竹義重によって白河城を攻略され、更にその翌年五十二歳のときに晴綱が死去し、佐竹氏に従属した後、六十八歳のときに結城氏は秀吉によって滅ぼされてしまうのである。このように白河結城氏と共に久保姫も零落の一途を辿り、不遇な晩年を迎えていただろうと想像するに難くないのである。

ともあれ、『奥羽永慶軍記』によれば、伊達十四世稙宗の計略によって、天文三（一五三四）年に輿入れの行列を襲われて拉致された久保姫は、「めでたく」嫡子晴宗の正室となった。しかし、「扨も伊達晴宗岩城の婿となり給へども、非道の振廻なれば、岩城より勘当の身となりて」と、岩城重隆から勘当されてしまったという。そして、「音信絶たる所に、笑窪御前、時々使者をして歎き訴ぬれば……」と、久保姫が、父重隆に晴宗との婚姻を許して欲しいと使者を遣わして訴えたというのである。考えられるであろうか。輿入れの行列を襲われて拉致された未だ十三歳の当の花嫁が、拉致した張本人の晴宗との婚姻を許して欲しいと父親に訴えたというのである。ところが、伊達氏を攻めたとしても不思議ではなかった重隆は、久保姫可愛さのあまりか、「免許せらる」とこれを許した。では、重隆は無条件にこれを許したのだろうか。

娘を略奪された岩城重隆は、結局ある条件を付けて久保姫と晴宗との婚姻を承諾したといわれている。その条件というのが、晴宗と久保姫の間に生まれる男子の第一子を、後嗣のなかった重隆の養嗣子とする、というものだった。この約束は、その通り実行されて、天文六年に生まれた晴宗と久保姫の第一子、幼名鶴千代丸は重隆の養子となり、後に重隆の後を継いで岩城親隆《ちかたか》と名乗った。これは事実であるが、約束が先にあったのか、それとも結果的にそのようになったのか、そして久保姫の父親への訴えが本当にあったのかも含めて、真実は闇の中である。

ついでではあるが、久保姫の妹は常陸国の佐竹義昭に嫁ぎ、その娘が岩城親隆の妻となっている。また後に触れるが、伊達晴宗と久保姫の五女（後の宝寿院《ほうじゅいん》）は佐竹義昭の嫡子義重に嫁いでいる。そのようにして、結局は伊達氏、岩城氏及び佐竹氏は血縁で結ばれることになるのだが、だから平和が保てたかというと、一時的には兵火が止んでもまたぞろ戦国の世に戻ってしまい、後には伊達政宗と、佐竹義重と義宣および蘆名義広父子は、磐梯山麓摺上原での一大決戦に及ぶのである。彼らは叔父・甥の関係であるし、従兄弟同士の間柄でもあった。このいくさによって南奥羽の戦国乱世に終止符が打たれ、政宗が実質的に南奥羽の覇者となったと言われているが、それはあくまでも結果論であろう。

話を進めよう。

「扨も伊達晴宗、妻容色美なるのみならず、優にやさしく妹背の中浅からず。されば、他腹の子とてもなし。此の妻十一人を産めり」

この時代に側室がいなかったとは考えにくいが、伊達家にとって、久保姫はこれ以上望むべくもない、三国一の花嫁だったと言って差し支えないであろう。稙宗の嫁盗りの謀りごとが、まさに図に当たったと言える。

この頃伊達氏は桑折《こおり》西山城を居城にしていた。この城は、文治五（一一八九）年の奥州合戦の戦功によって、源頼朝から伊達郡を与えられた常陸入道念西《ねんさい》が築いたと伝えられている。ちなみに念西は、

「伊達正統世次考」等によれば、伊達氏の初代朝宗に比定されている。またこの城は赤館とも呼ばれ、伊達九世大膳大夫政宗が、応永六～九（一三九九～一四〇二）年に鎌倉公方の領土割譲の要求を拒否して、上杉禅秀（氏憲）や白河の結城満朝と戦った「伊達政宗の乱」のときに拠点とした城であったとも言われている。九世政宗は、この他にも長井氏を攻め滅ぼして置賜《おきたま》郡を伊達氏の領地とするなど、領土の拡張保全に貢献した事績によって、伊達家中興の祖と称えられるようになり、後に輝宗がこれにあやかって、自分の後嗣となる梵天丸に藤次郎政宗と命名した。それが、仙台藩祖となった伊達十七世政宗である。九世政宗は、応永十二年に置賜郡高畠の高畑城で死去し、同地の資福寺に葬られた。

以前、取材のために高畠町を訪れたことがある。一面の田圃で、どこに遺跡があるかわからず、農道をゆっくり車で流していたときに、突然ナビに「伊達政宗の墓」の表示が現れて面喰らってしまった。咄嗟に仙台藩祖の独眼竜政宗を思い浮かべてしまったからだが、それがまさに九世政宗の墓のある資福寺跡の墓地だった。そこには九世政宗の墓、その正室である善法寺通清の娘の墓、そして十六世輝宗の墓と輝宗に殉死した遠藤基信の墓が仲良く並ん

桑折西山城址（本丸大手先）

桑折西山城址案内板

でいた。

伊達晴宗と久保姫の子供、阿南姫

話をまた伊達晴宗と久保姫に戻す。

天文三（一五三四）年、輿入れの行列を襲われて久保姫が拉致された行き先は桑折西山城だった。だから、晴宗が伊達氏の本拠を置賜地方に定めて米沢城に移る天文十七（一五四八）年まで、西山城が二人の「新居」だった。新居ではあったが、その後半は何とも慌ただしい時期でもあった。これまでにも何度か触れたが、天文十一年に伊達氏の内訌《ないこう》から奥州の諸大名をも巻き込んだ伊達氏天文の乱が勃発し、それが天文十七年まで続いた。ここではその詳細については触れないが、この戦乱の結果、伊達十四世稙宗は丸森城に隠居し、二十九歳の晴宗が伊達家の家督を継いで十五世となって米沢城に本拠を移した。稙宗、晴宗父子といい、晴宗、輝宗父子といい、また輝宗、政宗父子といい、伊達氏はつくづく父子相克の絶えない一族と言えよう。

さて、『奥羽永慶軍記』には、

丸森城址本丸跡

九世伊達政宗墓（高畠の資福寺跡）

「伊達晴宗、妻容色美なるのみならず、優にやさしく妹背の中浅からず」

と書いてあるが、父親稙宗を相手とするいくさに臨んでいる晴宗にとって、西山城の留守を守る久保姫の存在は大きな慰めであったに違いない。そして、この二人は、「されば、他腹の子とてもなし。此の妻十一人を産」んだという。先にも触れたように、この時代に側室が全くいなかったとは考えにくいが、文献的にも晴宗の子供はすべて久保姫が産んだことには間違いないようだ。この子供たちは、つまりは伊達三河守盛重の兄弟姉妹であり、この後伊達氏が南奥羽の支配権を獲得していく上で陰に陽に影響を与えることになり、ひいては盛重の命運をも左右することになった。

それらの子供たちの中で、ひときわ数奇な生涯を送った女性がいた。その姫君は、天文十年生まれの阿南姫《おなみ》（後の大乗院）で、彼女は長女らしい気丈な振る舞いで、名を後世に残した。

嫁いだ相手は須賀川《すかがわ》城主二階堂照行の嫡男盛義であった。永禄八（一五六五）年、会津黒川城主蘆名盛氏が須賀川領に侵攻し、前年に当主となった盛義は、義兄弟の岩城親隆や伊達輝宗の助力

須賀川城の土塁と空堀

丸森城址伊達稙宗の墓

があったものの敗れてしまった。その結果四歳になる嫡子平四郎が人質に取られ、二階堂氏は蘆名氏に臣従させられてしまう。だが、その平四郎は後に蘆名盛氏と養子縁組をして、人質として入った蘆名氏を継いで蘆名盛隆となった。これで蘆名氏との関係が良くなるかと思った矢先、阿南姫（大乗院）にとっては不幸が続くことになる。杉目城に隠居していて、何かと心配してくれていたであろう父伊達晴宗が、天正五（一五七七）年十二月五日、五十九歳で死去。更に天正九年、夫である盛義が急逝し、急遽二階堂家の後継とした次男行親も、翌天正十年に早世してしまった。次いで天正十二年十月には、蘆名氏を継いでいた長男盛隆も、男色関係のもつれから家臣に刺殺されてしまう。

そして、その前月の天正十二年九月には、後々南奥羽の諸大名を震撼させる男が伊達家を継承していた。即ち、弱冠十八歳の藤次郎政宗が、阿南姫（大乗院）にとってはすぐ下の弟に当たる伊達十六世輝宗から家督を譲られると、輝宗の外交方針を覆して、にわかに軍勢を南の仙道筋に進め始めたのである。家運の傾いてきた二階堂氏にとって、更なる暗雲が垂れ籠め始めた。

粟ノ須の変事と仙道筋の秩序

家督を相続した伊達政宗は、天正十三（一五八五）年五月に、自分の従兄弟に当たる会津の蘆名盛隆の死後、その子で生後わずか一カ月の亀王丸を当主としたばかりの蘆名氏がまだ混乱している隙に乗じて、岩代国耶麻《やま》郡檜原《ひばら》に侵攻したが失敗する（関柴合戦）。そこで今度は、八月に小浜《おばま》城に大内定綱を攻めて城から追い落とし、閏八月二十七日には小手森《おでもり》城を攻略して千百余人を撫で斬り（皆殺し）にしてしまう。政宗のこの狂気じみた振る舞いに恐れおののいた二本松城主畠山義継は、伊達輝宗の仲介によって政宗に降伏するが、これらの政宗の性急な行動によって、結果的に輝宗を悲劇が襲うことになる。即ち、後世「粟ノ須の変事」と呼ばれる天正十三年十月八日の事件によって、輝宗は殺害されてしまうのである。

この日、二本松城主畠山義継は、政宗の苛烈な処分に対する取り成しに謝意を表すために、宮森城に輝宗を訪ねていた。いくつかの説があるが、何らかの理由によって、そのとき身の危険を感じた義継は、咄嗟に輝宗を拉致して二本松城に逃げ帰ろうとした。伊達家の家臣達は、輝宗に万一のことがあってはいけないと、義継一行を討つことができず、ただ遠巻きにして後を追った。二本松領との境界の阿武隈川畔に近づいたとき、政宗率いる一隊が追いついた。そのとき政宗は大内定綱から奪った小浜城に居住していて、輝宗が守る宮森城の近くで鷹狩りをしていたのだという。そして、政宗の号

小浜城址（下館）

小手森城址
1100人余が撫で斬りされた。

令一下、用意していた鉄砲が火を噴いて、輝宗もろとも義継を射殺した。この事件に関しては、輝宗自身が、自分が人質になった後、伊達氏が不利になることを恐れて、自分もろとも義継を殺せと命じたとも、義継が輝宗を殺した後で自害したとも、政宗はその場にいなかったとも、あるいはかねてから輝宗の存在を疎ましく思っていた政宗が、ちょうど良い機会だと、義継もろとも輝宗を殺害したとも言われている。

いずれにしても、このときに輝宗が死んだのは事実だが、一体何が真相だったのかは闇に閉ざされたままである。ただ、昭和三十一年に刊行された『仙臺市史』第十巻の年表に拠れば、輝宗が畠山義

粟ノ須古戦場

宮森城址（上館）

二本松城址天守台

継に殺されたのが天正十三年十月八日で、政宗が二本松城を攻めて義継を殺したのは七日後の十月十五日と記載されている。これが正しいなら、義継は逃げる途中で輝宗を殺して、無事に二本松城に戻ったことになるし、政宗はその場に居なかったか、居ても手出しができなかったことになる。面目を潰された十九歳の政宗は、逆上して二本松城に襲い掛かり、輝宗の初七日に義継を殺したとは考えられないだろうか。

一説では、政宗は殺した義継の死骸の首や手足を切り落とし、それを再び藤蔓で結び合わせた上で小浜城まで引きずって行かせ、城外で磔にかけたという。父親を殺されたという怨みだけで、はたしてこのような残虐な行為が出来るだろうか。思うに、これは奥羽守護となった自分のプライドを、義継によって著しく傷つけられたと思い込んだ結果、身体中から噴き出したすさまじいまでの怒りがなせる業だったのではないだろうか。

仙道人取橋古戦場跡
瀬戸川に架かる橋の周囲で激戦が繰り広げられ、両軍合わせて約1500人が討ち死にした。

これらの政宗の振る舞いは、それまでの仙道筋の秩序、言い換えると、「仲良くけんかする」ようないくさのしきたりを根底から覆すものであった。そして、輝宗遭難の翌月、十一月十日には政宗に攻められている二本松城の畠山氏を救援するために、常陸太田城の佐竹義重、義宣父子を盟主に、蘆名亀王丸、岩城常隆、石川昭光、白川義親、同義広、相馬義胤ら南奥羽の諸大名が大乗院（阿南姫）が守る須賀川城に集結した。その数約三万。この連合軍を迎え撃つ伊達勢は、二本松城を包囲する部隊を除いた約八千。そして十一月十七日、結果的には政宗が仙道筋に勢力を広げるきっかけとなった「人取橋《ひととりばし》の合戦」が起こった。数の上では連合軍が圧倒的に有利だったが、この合戦は幸運としか言いようがない事件によって伊達軍の勝利に終わった。

ここで特に触れておきたいのは、連合軍の諸将は、大乗院も含めてほぼすべて政宗の親族であり、一方の政宗軍にも、政宗の叔父である留守政景そして国分盛重がいたことである。この合戦で政宗は近親相克の戦いを演じ、そこには肉親の情愛などの感情はおよそ感じられないのである。このとき政宗は、奥羽の中世的秩序の破壊者であった。

仙道人取橋の合戦と大乗院（阿南姫）

伊達晴宗と久保姫の子供のうち、長女の大乗院（阿南姫《おなみ》）を軸にして、南奥羽の状況について以下記していくが、どうしても関係する他の兄弟姉妹や、特に甥の伊達政宗については、良きにつけ悪しきにつけ触れざるを得ない。

さて、天正十三（一五八五）年十一月十七日の仙道人取橋の合戦は、敗色が濃厚だった伊達軍に、思いがけず勝利が転がり込んだ。あるいは、伊達軍は三万対八千という兵力数において初めから劣勢にあり、戦闘でも終始押され続けて決して勝ってはいなかったので、ただ単に負けなかっただけだったというべきか。この日の戦闘で、佐竹義重、義宣を盟主とする連合軍は、伊達軍の本陣にまで突入し、政宗自身も鎧に矢を一本、銃弾を五発受けたと言われている。そして、輝宗と政宗の二代に仕えた老臣鬼庭《おににわ》左《さ》月斎《げつさい》良直《よしなお》ら多くの将兵が討ち死にしたが、留守政景、国分盛重、原田宗時、白石宗実、伊達成実らの必死の防戦によって政宗は本宮《もとみや》城に逃れ、伊達軍自体も壊滅状態になりながらも何とか持ちこたえ、結局日没を迎えたためにこの日の戦闘は終結したとされている。

しかし、一説では、政宗は敗戦の恐怖の余り自害をほのめかし、ほとんど放心状態だったとも言われている。そのため、伊達成実や片倉小十郎が説得して、本陣だった観音堂山（現在の日輪寺）ではなく、ずっと後方の本宮城まで政宗を退かせたという。そうでなければ、人取り橋が直接見下ろせる観音堂山は、翌日の決戦に備えるのにはうってつけの本陣であったのに、なぜ政宗だけが二キロも後方の本宮城に引き揚げたのか説明がつかない。ちなみに、この日は西暦では一五八六年一月六日に当たるので、冬至を過ぎたばかりの早い日没によって、政宗は救われたと言っても良いのかもしれない。

伊達政宗観音堂山本陣跡（現在の日輪寺）

政宗のそして伊達氏の命運が決する日になるかと思われた翌朝、しかし連合軍の陣はもぬけの殻になっていた。成書《せいしょ》にはその理由として二つの事情が挙げられている。その一つは、佐竹義重の叔父でこのいくさの総大将を任されていた小野崎義昌が、夜の間に陣中で家来に刺殺されるという事件が起きたこと。もう一つは、常陸の馬場城（後の水戸城）の江戸重通が佐竹氏の居城常陸太田城を攻めるという動きを見せたためといわれている。このために、佐竹軍は夜の間に急遽戦場を離脱し、これを見た他の諸将もそれぞれ国許に引き揚げてしまった。窮地を脱した政宗ではあったが、実はこれらの事件は、片倉小十郎が、配下の忍者集団黒脛巾組《くろはばきぐみ》に命じて工作したために起きたとも言われている。

人取橋の合戦の後、仙道筋にはつかの間の平穏が訪れた。しかし、政宗は南奥羽への勢力拡張をあきらめた訳ではなかった。その動きを察知した佐竹義重は、天正十五（一五八七）年、蘆名盛隆が死去し、またその子の亀王丸も夭折してしまった会津蘆名氏の後嗣に、次男の義広を入れて防御を固めようとした。実質的に二階堂家を背負って立つことになった大乗院にとっては、頼りとしている佐竹氏と蘆名氏が結びつくことは喜ばしいことであった。

天正十六年六月、「郡山合戦」が起こり、佐竹義重は再び南奥羽の諸大名を糾合して伊達軍と戦闘を交えた。戦いは連合軍の優勢のうちに展開したが、勝敗が決しないまま、岩城常隆（親隆の子、佐竹義重の甥、伊達政宗の従兄弟）の調停で和睦となった。この戦闘にも大乗院は二階堂氏の軍勢を派遣している。

そして天正十七年六月五日、政宗は磐梯山麓摺上原で蘆名義広と戦ってこれを敗り、会津黒川城に入ってついに仙道筋攻略の橋頭堡を確保した。世に言う「摺上原の合戦」である。

次いで同年十月、政宗は敵対し続ける二階堂氏の居城須賀川城に攻撃を仕掛けた。二階堂氏の後嗣が絶えた後、大乗院を助けて須賀川城の執政城代となっていたのが須田美濃守盛秀で、彼は籠城して徹底抗戦したが、十月二十六日須賀川城は落とされてしまった。翌二十七日、盛秀は自分の居城の和田城に籠もって伊達軍を迎え撃った。そして盛秀の頑強な抵抗の前に、政宗は城を落とせずに引き揚げざるを得なかった。この乱戦の最中、盛秀の嫡男須田秀広（美濃二郎）が伊達軍に捕らえられ、政宗自らの手によって、鉄砲の的にされて撃ち殺されている。政宗が家督を相続し、父輝宗とは違って南進策をとるようになって以来、政宗の叔父伊達盛重と二階堂氏の執政須田盛秀は事実上敵対関係になった。この後、時期は前後するが、二人はそれぞれ常陸の佐竹氏に仕えて、盛重は初め嶋崎城、後に柿岡城を、盛秀は茂木城を預けられ、そして、慶長七（一六〇二）年、佐竹氏の秋田転封後には横手城の城代と副城代になるのである。伊達氏に主家を滅ぼされ、嫡男までも殺された盛秀に、敵将であった盛重に対する複雑な感情があったとしても不思議はない。

須賀川城の落城、大乗院と栽松院

伊達政宗の須賀川城攻めの顚末は以下のようであった。

天正十七（一五八九）年十月二十六日。実質上の城主大乗院（阿南《おなみ》姫）や執政城代須田美濃守盛秀らが立て籠もる須賀川城は、平城ではあるがその守りは堅く、伊達軍も攻めきれずに一進一退の激戦が繰り広げられた。膠着状態が続いた夕暮れ時、突然城に隣接する長禄寺の便所あたりから火の手が上がった。伊達軍に内応した二階堂家の家臣守屋筑後が、手の者二百人と共に裏切って放火したといわれている。燃え盛る火はやがて本丸にも延焼し、同時に城に攻め込んだ伊達軍によって、さしもの堅牢な須賀川城も落城し、佐竹氏と岩城氏からの援軍約三百五十騎は撤退してしまった。須田盛秀は自分の手勢を率いて城から斬って出て、そのまま自分の居城である和田城に駆け込んでそこに立て籠もった。翌二十七日、伊達軍はその和田城にも襲いかかったが、結局城は落とせなかった。

その直後、盛秀は自ら和田城を焼き払い、二階堂氏の旧臣を伴って棚倉の赤館城に落ち延び、新たに佐竹氏に仕官した。そして、文禄四（一五九五）年、茂木《もてぎ》治良が佐竹義重によって小川城に転封された後の茂木城主とされた。この茂木城で、盛秀は須賀川から伴ってきた須賀川衆（二階堂旧臣）を中心にして「茂木百騎《もてぎひゃっき》」と呼ばれる強力な軍団を作り上げた。その目的が何であったのかは分からないが、ひょっとしたらこの軍団を使って、政宗に復讐する機会を窺っていたのかもしれない。慶長七（一六〇二）年、佐竹氏の出羽国転封に際しても、盛秀はこの「茂木百騎」を伴って出羽国に入り、角館城を受け取ってその城代になった。盛秀はその翌年、横手城の副城代に、そして元和八（一六二二）年八月、伊達三河守盛重の養嗣子伊達左門宣宗の失脚後に城代になるのだが、「茂木百騎」は結局横手に住み着くことになった。

　では須賀川城落城後、大乗院はどうなったのだろうか。実は大乗院には、嫡流が絶え

長禄寺（二階堂氏の菩提寺）

須賀川城の土塁と長松院

てしまった二階堂家を再興しなければならないという秘めた決意があった。そのために、かねてから自分の長男の故蘆名盛隆の次女（亀王丸の姉）を引き取って育てていた。この姫は、盛隆と自分の妹（伊達晴宗と久保姫の四女、彦姫?、天正十六年没）との間にできた子供で、大乗院にとっては孫であり、また姪でもあった。そのような二階堂家再興の決意があったために、大乗院は城と運命を共にすることはできなかったものと思われる。この姫は当時十歳くらいで、後に岩瀬御台《いわせみだい》と呼ばれるようになるのだが、大乗院はこの姫と共に伊達軍に捕らえられた。そして、母親の栽松院《さいしょういん》（久保姫）が住む杉目城に幽閉された。飽くまでも推測に過ぎないが、栽松院から政宗に対して大乗院と岩瀬御台の助命嘆願があったのだろうと思われる。政宗のそれまでの戦後処理法から考えれば、徹底抗戦した二階堂氏の一族郎党に対する処分方針は撫で斬り（皆殺し）だったに違いない。だから、大乗院達を杉目城に移した後、政宗は大乗院の侍女や従者をことごとく殺してしまった。政宗のこの容赦のない苛烈な処分を見て、栽松院は大乗院と岩瀬御台をかばいきれないことを悟り、結局二人を自分の生まれ故郷である岩城に逃がしている。

有名な話だが、かつて政宗は梵天丸と名乗っていた幼少時、疱瘡に罹って生死の境をさまよい、右眼を失明してしまった。その後母親の義姫（保春院《ほしゅんいん》）はじめ伊達家中の大半は、こぞって隻眼になった梵天丸を廃嫡して、生まれたばかりの弟小次郎（竺丸）を輝宗の跡取りにするよう働きかけを強めた。以前に述べたが、国分氏に入嗣させられる前には盛重（政重）も輝宗の後嗣の候補であったと思われる。いずれにしても、そのときに梵天丸をかばったのが父輝宗と祖母の栽松院だったと言われている。だから栽松院は、政宗にとっては家督を相続できたいわば恩人であった。そのためもあってか、政宗はその後も栽松院を慕っていたと言われているが、栽松院の心中ははたしてどうだったか。

天正十八(一五九〇)年六月、政宗は豊臣秀吉の奥州仕置によって、「関東奥羽両国惣無事令」以後に斬り取った会津、岩瀬、安積《あさか》の三郡を取り上げられ、また翌天正十九年二月には父祖の地伊達郡を含む六郡を没収されて、代わりに一揆で荒れ果てた葛西大崎の地を与えられた。そのため政宗は居城を会津黒川城から米沢城に戻し、更にこの年九月、玉造郡岩手沢に新たに城を築いて居城とした。岩出山城である。

この岩出山城には、政宗の母保春院も従った。『伊達治家記録《だてじかきろく》』によれば、天正十八年四月に政宗は弟小次郎を刺殺したとされている。そして、保春院は小次郎を溺愛していたと言われていたのに、である。政宗は恐らく栽松院をも岩出山に誘ったであろう。しかし、栽松院はそれには応じなかった。

栽松院、大乗院、岩瀬御台

伊達政宗は、天正十八(一五九〇)年六月の豊臣秀吉による奥州仕置によって、会津、岩瀬、安積など天正十三年以来多くの血を流した末に斬り取った仙道筋の領地を、あっさり没収されてしまった。更に政宗は、翌天正十九年二月に、父祖の地伊達郡や居城米沢城のある置賜郡など地味の肥えた六郡をも取り上げられ、反対に葛西大崎一揆によって荒れ果てた葛西氏、大崎氏の旧領十三郡を与えられて、石高は七十二万石から五十八万石へ減封された。そのため、急遽新たに居城を定めなければならなくなり、この年九月、岩出山に新たに城を築いて、米沢から家中こぞって、また商家などの町人をも伴って移転した。

天正十八年四月に最愛の息子小次郎（竺丸）を政宗に刺殺された母親保春院（義姫）も、政宗に従って岩出山城に赴いた。しかし、当時政宗が最も慕っていたと言われている祖母栽松院（久保姫）が、福島の杉目城を出て移り住んだのは、伊達郡の石《いし》母田《もた》の地で、再度の仕置きの後には、岩出山ではなく根白石《ねのしろいし》の白石城跡だった。この根白石は、古い地名で言うと宮城郡国分山根通《やまねとおり》に属する村で、古くから国分氏の支配地だった国分荘三十三郷の中にある。白石城跡は、この当時伊達（国分）盛重の居城であった松森城から程近く、盛重の長女が嫁いだ古内主膳実綱の居城福沢城は目と鼻の先にある。だから、栽松院が自分の晩年を託す相手として選んだのは、伊達家当主の政宗だったのではなく、実は息子の盛重の一家だった。このことからも、栽松院の政宗に対する不信感が感じ取れよう。高齢の栽松院にとって、この住まいの移転は不本意なことであったはずだ。彼女の心中を察すると、「如何に戦国の乱世とはいえ、要らざる血を流して、無辜《むこ》の民に迷惑をかけ、結局乾徳院様（夫晴宗の院号）初め伊達家の父祖が大事にしてきた本貫の地を失いおって……」とでもなろうか。この栽松院の選択によって、ひそかに自尊心を傷つけられた形の政宗は、そのため国分氏に対して、あるいは直接盛重に対して厳しく対応する一因にもなったのではないだろうか。もちろん、伊達（国分）盛重の放逐と国分領の併呑は、

白石城址（根白石）

政宗が領国経営に腐心した結果であることは、論を待たないのだが。

それはともかく、栽松院は白石城跡の高台に庵を結び、夫伊達晴宗の菩提寺である宝積《ほうしゃくじ》寺も杉目から庵の側に移して晩年を過ごし、文禄三（一五九四）年六月九日にここで逝去した。享年七十四歳、戒名は栽松院殿月盛妙秋禅尼大姉。墓はこの白石城跡にある。

栽松院逝去のわずか二年後の文禄五年三月に、盛重は政宗に攻められて常陸国に亡命することになる。それも何かを暗示していないだろうか。

話をまた天正十七（一五八九）年十月に戻す。

政宗の一連の行状に不信感を抱いた栽松院は、大乗院達を助けるために、自分の生まれ故郷の岩城に送り届けることにした。この頃、岩城氏の当主で岩城大館城主だったのは伊達晴宗と久保姫の長男の親隆だが、「狂乱の病」のためにその子の常隆が母親（佐竹義重の妹）の後見を受けて後を継いでいた。この常隆

栽松院の墓

栽松院の位牌寺・満興寺（根白石）

には大乗院の娘（岩城御前）が嫁いでいたので、常隆は栽松院にとっては孫、大乗院にとっては甥で、かつ娘婿だった。翌天正十八年五月、小田原に参陣して豊臣秀吉に拝謁した常隆は岩城十二万石の本領を安堵されたが、病を得て七月に出陣先の相模国星谷において死去してしまう。まだ二十四歳の若さであった。常隆死去後、岩城氏を継いだのは佐竹義重の三男で義宣の弟の貞隆だが、これは秀吉の命であったと言われている。

このように岩城氏に対する佐竹氏の影響力が強まって行く状況の下、大乗院は岩瀬御台を伴って最後には常陸の佐竹氏に身を寄せている。佐竹氏の十八代当主義重の正室は大乗院の妹宝寿院で、義重の後を継いだのが嫡男の義宣であった。義宣は、天正十八年、小田原に参陣して常陸五十四万石の本領を安堵され、水戸城の江戸氏を追放し、また府中城の大掾《だいじょう》氏を攻め滅ぼして、居城を常陸太田城から水戸城に移した。大乗院と岩瀬御台は、義重と宝寿院夫婦の住む太田城で暮らしたものと思われる。大乗院にとっては、この常陸太田城の頃が最も心安らぐ穏やかな日々であったに違いない。

そして、義宣には岩瀬御台と会う機会が度々あったことであろう。岩瀬御台は水戸で義宣の側室になった。

大乗院と岩瀬御台

伊達晴宗と栽松院（久保姫）の長女、大乗院（阿南姫）とその養女岩瀬御台について述べる。

まず、岩瀬御台の出自について、かなり紛らわしいので、少し分かりやすく説明する。須賀川城主二階堂盛義とその正室大乗院の長男が永禄四（一五六一）年に生まれた平四郎である。盛義は永禄八年に会津の蘆名盛氏と戦って敗れ、平四郎を人質に取られて蘆名氏の支配下に入った。このときに、伊達晴宗の四女彦姫（正式名不詳、十三歳）が蘆名盛氏の嫡男盛興（十八歳）に嫁いでいるのだが、二人の間には女子が一人生まれ、後に小杉山御台と呼ばれることになる。しかし盛興は天正三（一五七五）年六月に二十八歳で病死してしまう。そのため、隠居していた盛氏は、盛興の跡継ぎとして、人質だった二階堂平四郎（改名して蘆名盛隆）を充てて彦姫をその正室に据え直した。つまり、彦姫は実の甥と再婚することになったのである。このとき盛隆はまだ十四歳、一方の彦姫は二十三歳になっていた。この盛隆と彦姫の間には一男二女が生まれ、次女が岩瀬御台で、養女（彦姫にとっては実子）として小杉山御台がいた。盛隆（平四郎）は大乗院の長男だから、岩瀬御台は大乗院にとっては実の孫であり、また妹彦姫の娘だから姪でもある。そして、故二階堂盛義の血を引く二階堂氏直系の女子であった。

ところが、盛隆は天正十二（一五八四）年に家臣に殺害され、蘆名氏は盛隆・彦姫の嫡男で生後一カ月の亀王丸が継ぐが、その亀王丸も二年後に亡くなってしまう。蘆名氏を背負うことになった彦姫は、実兄の伊達輝宗から要求された次男小次郎の入嗣を拒み、天正十五年、小杉山御台の婿に佐竹義重の次男義広を迎えて蘆名氏を継承させた。そして翌天正十六年には、彦姫も心労からか三十六歳で死去してしまう。混乱を極める蘆名氏の弱体化は、誰の目にも明らかであった。この機に乗じたのが伊達政宗で、天正十七年六月、摺上原の合戦で蘆名義広と対峙し、葦名氏は内部崩壊に近い形で滅んでしまう。そのような事態を受けて、大乗院は自力で二階堂家を再興する道を選び、岩瀬御台を養女にして婿を取ることにした。岩瀬御台は天正十七年十月に須賀川城が伊達政宗によって攻め落とされたときには、既に大乗院の元で養育されていた。政宗によって徹底的に破壊された南奥羽の秩序、そしてそれによってもたらされた蘆名氏と二階堂氏の危機に果敢に立ち向かう戦国時代の女性としての気丈さが、大乗院には感じられるのだが、あるいは単に政宗に対する強烈な憎しみが、大乗院を突き動かしていたのかもしれない。なお小杉山御台は岩瀬御台の同腹の義姉ということになるが、摺上原の合戦で蘆名氏が政宗に敗れると、義広の実家佐竹氏を頼って、共に常陸国に逃れた。

時間を進める。大乗院と岩瀬御台が岩城から常陸に移ったのは、岩城常隆が天正十八年七月に死去した後のことであろう。この頃までには佐竹氏の家督は義宣が相続していたようだが、居城はまだ常陸太田城であった。大乗院達は、岩城から太平洋岸の江戸浜街道を南下して太田城下に至ったのであろう。

先にも触れたが、天正十八年五月から八月にかけての豊臣秀吉による小田原の北条攻めは、関東及び奥羽の諸大名にとって、その後の命運を決する踏み絵になった。伊達政宗のように、所領の一部を没収されながらも何とか生き長らえたのはまだ良い方で、多くの大名が小田原に参陣しなかった事を理由に改易されてしまった。そのような中で、政宗の執拗な南下策に手を焼いていた佐竹義宣は、石田三成と親交を結ぶなど早くから秀吉に接近し、小田原の役後、本領である常陸国と下野国の一部を安堵する朱印状を与えられた。そして、豊臣の権威を背景にして、天正十八年十二月には水戸城を攻め落として江戸重通を追放し、また府中城を攻めて大掾清幹《だいじょうきよもと》とその一族を滅亡させた。更に翌天正十九年二月には、大掾氏配下の鹿島郡、行方《なめかた》郡「南方三十三館」の国人衆を太田城に招いて謀殺し、常陸国全域の掌握に成功した。佐竹義宣がその居城を太田城から水戸城に移したのは、その直後の天正十九年三月二十一日のこととされている。

大乗院と岩瀬御台は、太田城に佐竹義重とその正室で大乗院の妹の宝寿院を訪ねて行った。天正十八年秋頃のことと思われる。

もちろんこれは亡命である。そこで、岩瀬御台は初めて佐竹義宣に会った。この二人は母親が共に伊達晴宗の娘で、従兄妹同士であった。御台は生年が不詳ではあるが、このとき十歳から十二歳位で、可憐な美しい姫であったという。一方、義宣は既に佐竹氏の当主になってはいたが、まだ二十歳になったばかりの若武者であった。

誰が言い出したのかは分からない。宝寿院か、あるいは既に常陸に逃れてきていた岩瀬御台の義姉の小杉山御台かと思われるが、岩瀬御台を義宣と娶わせて、生まれた子供に二階堂氏を継承させてはどうか、という提案を大乗院に持ちかけた。大乗院がすぐに首肯したかどうかは分からない

常陸太田城址（現・太田小学校）

水戸城址

が、結局水戸城で岩瀬御台は義宣の側室になった。

ところで、御台《みだい》（御台所《みだいどころ》）とは一般的には正室のことを指して言う。だから岩瀬御台は用語の上では正室であるはずだが、しかしこのとき義宣には既に正室がいた。那須資胤《なすすけたね》の娘で那須御台（正洞院）といい、天正十三（一五八五）年頃に輿入れしていた。ところが小田原の役に際して、正洞院の兄の那須資晴は義宣に逆らって北条方に着き、小田原に出陣しなかったために改易されてしまった。その後、那須氏は徳川家康を介して家名を復活しようとするのだが、そのことが家康嫌いの義宣の逆鱗に触れ、実家と婚家との板挟みになってしまった正洞院は、太田城下の耕山寺に幽閉されようとしたために、天正十八年、二十四歳で自ら命を絶ってしまった。

義宣には、別に側室として多賀谷重経の娘（大寿院）がいて、正洞院の死去後に継室として義宣の正妻となった。だから、岩瀬御台は飽くまでも側室であったのだが、その辺の事情について『横手郷土史』（昭和八年・東洋書院）は次のように記している。

「御臺は正室か、將側室かに就きては、古記録も一定して居らず、徳政夜話には前妻とあり、義宣公御傳記、御列祖史略御代々事蹟記には側室とある。殊に御記録方備本と稱せられし御法名記には、天英公側室と明瞭に書いてある。（中略）尤も側室であるとしても、佐竹家に縁故の深い而も歴々の家柄の出であるから、御臺と称したに違ひないと思ふ」

正洞院の墓

このようにして、大乗院と岩瀬御台は佐竹氏に溶け込んで行き、常陸太田城の佐竹義重、宝寿院夫婦の側でしばし幸福に暮らしていたのであろう。

少々視点を変える。大乗院達に限らず、天正十七（一五八九）年以降、佐竹氏の元に、伊達氏に由縁の深い人々が多数亡命してきた。再掲にはなるが、その名前を挙げてみよう。天正十七年六月、会津から蘆名義広と小杉山御台、更にその年の十一月には大乗院が城主であった須賀川城の城代須田盛秀と家臣の須賀川衆、翌天正十八年には大乗院と岩瀬御台、そして文禄五（一五九六）年三月には家臣八十三騎（供回りを含めると約二百人から三百人）を率いた伊達（国分）盛重等々である。そして、彼らは例外なく佐竹氏に厚遇されている。

改めて言うまでもないが、これらの人々が佐竹氏に亡命せざるを得なかった元は、伊達政宗のなりふり構わない領土拡張策であった。後に仙台藩領となった地域では案外知られていないのだが、佐竹氏の領国つまり現在の秋田県には、伊達嫌いの人々が多いと言われている。それは政宗の所業の故であり、江戸時代を通じて変わることがなかった。戊辰戦争の際、東北の諸藩は仙台藩を中心にして奥羽列藩同盟を作って幕府方についたのだが、仙台藩の指図に反発した久保田藩は朝廷方に与して、慶応四（一八六八）年七月四日、詰問のために秋田を訪れた仙台藩使節団十二人を暗殺してしまう。それが宣戦布告となって、

横手城址城壁
全体に韮を植えて、登りにくくしてある。

藩境の三方面で戦端が開かれた。そのうち仙北方面では、雄勝峠や鬼首峠を越えて攻め込んできた仙台藩と庄内藩連合軍三千人の前に、城代戸村大学以下二百八十人が立て籠もる横手城は二時間余りの戦闘で落ちてしまった。

初代横手城代だった泉下の伊達盛重は、それを見て、さてどう思っただろうか。

秋田の伊達さんへの道・詳説

伊達盛重の常陸亡命と「予定調和」

案外これが歴史を後世から語る上で盲点になるのだが、つまり俗語的表現における「予定調和」がそれである。

ライプニッツの言う本来の意味での「予定調和」とは、広辞苑によれば「相互に無縁で各々独立の世界をなす各モナド（殊に心身の両者）があたかも交互作用の関係にあるかのような状態を示す理由は、あらかじめ神によって各モナド間に調和が生ずるように定められているからであるとする」学説である。これがいわゆる「モナド論」であるが、現代の日本では「予定調和」という単語を俗語的に解釈して、「予定通りに物事が起きること」という意味で用いられることが多く、それが本来の意味だと誤解されている節がある。

しかし、その方がかえって便利なので、「予定調和」が仮にそういう意味だとしよう。そうすると、過去の年表を持っている現代人は、歴史事象も年表に記載してある通りに、つまり「予定通りに」、時系列で、必然的に、起こったことだと理解して疑問を持たないことが多く、それが「予定調和」だとどこかで信じている。例えば織田信長が桶狭間で今川義元を討って戦国乱世から天下統一への道筋をつけ、その夢が本能寺で明智光秀によって絶たれ、その遺志が豊臣秀吉によって受け継がれ、最後は徳川家康によって果たされた、といった日本人なら誰でも知っている事実、それが「予定調和」的に起こったことであったと信じているのではないだろうか。ＮＨＫの大河ドラマなどはその典型であり、それは、あたかも自分が神の立場に立って、歴史を古代から現在まで俯瞰している様に似ていよう。そこに歴史を語る上での落とし穴がある。東日本大震災が正にそうであったのだが、次の瞬間に何が起きるかは誰にも予測が出来ない。その瞬間瞬間の積み重ねが結果的に「歴史」を形成し、後世年表に書き加えられて行くのである。だから、「歴史」とは偶発的事象の積み重ねだと思って年表を読む必要がある。

そのような思いを突然強く持ったのが、実は大乗院（阿南姫《おなみ》）と岩瀬御台や須田盛秀、蘆名義広らの常陸国への亡命について考えているときであった。彼らは、亡命した時点では、後に佐竹氏が秋田に国替えになるなどとは当然夢想だにしていなかった。彼らが亡命先に常陸国を選んだのは、縁故関係もあっただろうが、何よりも佐竹氏が自分達を放逐した伊達政宗の抵抗勢力として最有力だったからであろう。佐竹氏の力を頼んで政宗を叩いてもらい、自分達の領地や家名を回復するのが彼らの最終目的だったはずだ。そのように考えると、彼らが常陸国でどのような思いで暮らしたのか理解するのが容易になるし、突然降りかかってきた秋田への国替えという事態がもたらした新たな運命の展開も理解しやすくなる。

それでは、伊達盛重の常陸国への亡命はどのように解釈すればよいのだろうか。盛重の亡命事件は大乗院らのそれとは少々趣を異にしている。これまでにも何度か述べてきてはいるのだが、改めて考えてみたい。

盛重は、佐竹氏を頼んで政宗に報復するようなことは恐らく考えてはいなかった。彼はそのような意味ではとっくに恩讐を超えていた。もちろん盛重も文禄五（一五九六）年三月の亡命からわずか六年後に秋田に赴くことになるとは知る由もなかった。それは誤算だったには違いない。ただ彼は、今にも窒息してしまいそうな伊達家中を抜け出して、純粋に常陸国の新天地で新たな人生を始めるつもりだったのだと思われる。私は、前述したように盛重の松森城からの出奔事件を、政宗や兄の留守政景、片倉小十郎らとの狂言ではなかったかと大胆な推論を試みた。それはつまり、衰えたとはいえ国分氏の棟梁である盛重から伊達氏の棟梁である政宗への、国分領の「国譲りの完成」を意味していた。そのように考えないと、松森城の合戦の後に八十三人もの家臣を伴って（「伊達盛重公伝」寛延三年、林以正撰）伊達領を無事に脱出するのは物理的に不可能だった。この「八十三人の家臣」というのは騎乗する直臣で、それぞれの供回りの郎党を加えれば一騎二人としてもこの三倍、つまり盛重に同行した人数は二百人から三百人には上っただろう。この武装した一軍団が、荷駄隊を伴って松森城から相馬領の境まで約百キロもの距離を、政宗軍に追撃され包囲されながら無事に逃亡できたと考える方が、むしろ不思議であろう。

松森城址

伊達盛重の亡命と佐竹氏の対応

では、伊達盛重には八十三騎二百人〜三百人もの人数を従えて常陸国に行った後の成算があったのだろうか。つまりそれは、佐竹氏にとっては敵将であった盛重を、その佐竹氏が相応の地位で受け入れてくれる保証があったのかということであり、佐竹家中での彼ら主従の食禄の確保ができるのかということでもあった。

これも先に触れたことだが、佐竹十八代義重の正室で、秋田久保田藩初代藩主佐竹十九代義宣《よしのぶ》の母親は盛重より一歳年上の姉宝寿院であった。義宣が生まれたのが元亀元（一五七〇）年七月十六日だから、宝寿院の輿入れは永禄十一（一五六八）～十二年頃、義重が二十一～二十二歳で宝寿院が十六～十七歳の頃であったろう。盛重と宝寿院は元々仲の良い姉弟であったらしく、そのためもあってか、義兄となった義重と盛重は普段から互いに書状をやり取りしていたらしい。それは伊達氏の当主が輝宗の時代であり、その頃はまだ佐竹氏と伊達氏は表立って敵対してはいなかった。ところが、伊達政宗が輝宗の後嗣となってにわかに事態が変化した。一説には天下を狙うためだったとも言われているが、政宗は関東を目指して南下策を取り始め、自分の親族であると否とに関わらず、いくさを仕掛けた。それも、南奥羽地方旧来の「仲良くけんか」するような戦い方ではなく、完全に相手の息の根を止めるような「撫で斬り」という手段で挑みかかって行った。そのために、大乗院や岩瀬御台達の悲劇が生まれたのである。当然、盛重も伊達軍の武将として直接間接に戦闘に関わったのは言うまでもない。

ところが、政宗軍が佐竹、蘆名の軍勢と郡山で戦った天正十六（一五八八）年に、義重が盛重に宛てて書いたとされる書状が実在しているそうである（『佐竹家蔵文書中世編』茨城県立歴史館刊）。残念ながらその内容については把握していないが、義重と盛重は佐竹氏と伊達氏の敵対関係という上辺とは関係なく、早くから個人的な信頼関係を築いていたのであろう。そのような交流の下地があったからこそ、盛重の常陸国での地位の保証がなされ、盛重主従の亡命が、いわばシナリオ通りに実行されることにつながったのだと思われる。

一方、政宗にとってあるいは伊達氏にとって、盛重を松森城から出奔させることによって得られたものは何だったのだろうか。それは、前述した旧国分領に対する伊達氏支配権の完全な確立と、特に領国の中枢としての千代城《せんだい》（仙台城《せんだい》）の確保であった。また、国分家中の親伊達派を中心とした国分侍の伊達家臣化（国分衆）もあったと思われる。伊達氏が、中世の宮城を四百年にわたって支配してきた国分氏の影響力を完全に払拭するためには、国分氏の当主である盛重の存在を、どのような形であれ消す必要があったための「盛重亡命劇」であったと捉えると、すべてが納得できるのである。もちろん、松森城で盛重を殺害しても良かったのだろうが、そうは出来ない事情が政宗の側にあったようなのだ。それについては、別項で触れる。

さて、八十三騎の家臣を伴って常陸国に亡命した盛重の佐竹家中での足跡は残されているのだろうか。六年間というほんの短い期間のことでもあり、実はごくわずかな痕跡があるだけで、ほとんど分かっていない。だから常陸国での盛重の動静を探るためには、そのわずかな足跡をつないで、あとは想像力で埋めるほかないのである。

文禄五（一五九六）年三月当時、佐竹氏の居城は常陸太田城から水戸城に移っていた。したがって盛重主従は江戸浜街道を南下し、相馬領から岩城領を経由して、常陸太田から水戸に至ったのであろう。このとき、岩城氏の当主は佐竹義重の三男貞隆が継いでいた。つまり、岩城氏は独立を保ってはいたものの、ほとんど佐竹氏の影響下にあったから、盛重一行は難なく常陸国に入ることができた。

そして、盛重は常陸太田城で義兄の義重と姉の宝寿院に会い、更に水戸城で佐竹氏の当主になっていた甥の義宣と会見した。その席に長姉の大乗院と、既に義宣の側室となっていたであろう姪の岩瀬御台もいたかもしれないが、それは分からない。この会見に臨むに当たって、佐竹氏側では盛重の処遇について既に決めていたと考えられる。あるいは、前もって松森城の盛重に書状で知らせていたのかもしれない。その内容は、一つには盛重の佐竹家中での地位の保証で、それは佐竹一族として遇するというものであった。

その証拠の一つが、「佐竹秘録」や「水府地理故録」を出典とする、佐竹義宣が居城を水戸城に移した祝いの儀式の席順に見られる。それによれば、中央上座に義宣の

常陸太田城址

水戸城址
本丸跡に水戸一高がある。

席を設けて左右に家臣が居並ぶようにしているのだが、左側の筆頭を佐竹源太郎（北義廉か?）、右側の筆頭を佐竹三郎（南義種か?）、次席を佐竹六郎（東義久か?）の苗字家が占めている。そして、右側の第三席に伊達三河守即ち伊達盛重の席が設けられているのである。つまり、この儀式では、盛重は佐竹一門苗字家の次で、他の佐竹一族や譜代の重臣よりも上席を与えられたことになっている。また、須賀川城を伊達政宗に攻め落とされ、盛重よりも先に常陸国に亡命して、文禄四（一五九五）年に茂木城主に任じられた元須賀川城代須田盛秀も右側に配されているが、十番目の席でしかない。

　しかし、この儀式の資料には多少疑問の点がある。まず、この席次表には苗字家以外の佐竹一門の名前、例えば後に佐竹西家となる小場氏や石塚氏、戸村氏、今宮氏、小野岡氏、そして古内氏の名前が出て来ない。また、この祝いの儀式が行われたのは、義宣が水戸に居城を移した天正十九（一五九一）年三月二十一日よりあまり日を経ていない時期だったはずだが、盛重が亡命したのが文禄五年三月であったことを考慮すると、約五年もの時間的なずれが認められ、資料としてはどこかが間違っていると思わざるを得ない。しかし、ここではそれを検証することが主旨ではないのでそれは措くとしても、佐竹家中での盛重の地位が、亡命当初からこのように高いものであったということだけは証明できると思われる。

茂木城址

もう一つの処遇の保証は、盛重に従って来た家臣達の食禄の確保である。先にも触れたように、盛重に従って常陸国に亡命したのは八十三騎、総勢二百人から三百人にも及んだと考えられる。では、そのとき佐竹氏には彼らを受け入れるだけの余裕があったのだろうか。最後には伊達氏に侵食されてしまったとはいえ、国分氏は三十三郷四千貫（四万石）（国分氏祖「胤通譜」）から三十五郷六万五千石（「盛重譜」）もの国分荘を、約四百年にわたって支配してきた大名であった。だから、その格式を保つためには相応の財政的基礎が必要であったであろう。ところが佐竹氏にとっては、盛重の亡命は「渡りに船」の出来事であったとも言えるのである。

天正十八（一五九〇）年七月の「小田原征伐」の後、それまで実質的には常陸の北半国だけを治めていた佐竹氏は、豊臣秀吉の権威を背景にして常陸国全域の掌握に乗り出した。同年十二月、折から上洛中の義宣に代わって父親の義重が、十二月二十日、まず水戸城の江戸重通を攻めて追放し、次いで二十二日には府中城を攻撃して大掾《だいじょう》清幹《きよもと》を自害に追い込んだ。これによって、桓武平氏平国香の嫡流で、平安中期から常陸国の大掾職（律令制の四等官の第三位）としてその支配権を世襲してきた大掾氏の本宗家が滅亡した。しかし鹿島郡、行方郡には、まだ大掾氏の一族が、国人領主として「南方三十三館」と呼ばれる城に拠ってその勢力を保っていた。

泉ヶ岳
国分荘を象徴する山。

翌天正十九年二月九日、京都から戻った義宣は、「新しい知行割りのため」と偽ってそれらの国人衆を常陸太田城に招き、ことごとく謀殺してしまった。これによって佐竹氏は、ようやく常陸国全域の支配権を確立したのである。この「南方三十三館の謀殺事件」については、水戸市田島町（旧内原町）の和光院の過去帳に次のように記されているという。

「天正十九季辛卯二月九日於佐竹太田ニ生害ノ衆、鹿島殿父子、嶋崎殿父子、玉造殿父子、中居殿、烟田《かまた》殿兄弟、相鹿殿、小高殿父子、手賀殿兄弟、武田殿、已上十六人」

文献によっては別の名前が記載されたりもしているが、鹿島、嶋崎、玉造、烟田、小高、手賀、武田などは共通しているので、この辺は間違いないと思われる。つまりこの事件によって、天正十九年二月にこれら鹿島郡、行方郡の「南方三十三館」が空き城になってしまった。そして、公的な記録は確認できていないが、潮来の島須にある嶋崎氏の居城だった嶋崎城が、亡命早々の伊達盛重に与えられたと推測できるのである。佐竹氏にとって、だから城持ち大名だった盛重の亡命は、まさに時宜に適ったものだったと言えよう。

盛重と嶋崎城、佐竹氏の国替え

では、嶋崎城が伊達盛重に与えられたと推測できる根拠は何であろうか。秋田久保田藩の伊達氏に伝わる「伊達氏系図」の初代盛重の項に、次のような記載がある（『久保田藩伊達氏考』渋谷鉄五郎）。

「慶長元年丙申春有故来常州属義宣公時改参河守公命列佐竹一族之席且為嶋崎城主為其他侍大将」

つまりこの文章は、「（伊達盛重は）慶長元（一五九六）年春（この年の十月に文禄から慶長に改元したので、正しくは文禄五年春）に訳があって常陸国に来て、佐竹義宣公に仕えて受領名を三河守と改めた。義宣公は（盛重を）佐竹一族の席に列せしめ、かつ嶋崎城主、侍大将とした」という内容であろう。盛重は国分氏に入嗣して国分能登守と名乗り、後に兄の伊達輝宗から伊達の姓と竹に雀の紋を贈られたが、普通には国分氏の当主として国分盛重（初名政重）と名乗っていたと思われる。盛重がいつから伊達姓に復帰したのかは不明である。だが亡命を機に盛重は正式に伊達姓を名乗り、受領名も三河守と改めたが、家紋は国分氏の「九曜紋」をそのまま用いた。伊達姓に復して受領名を替えはしたが、家紋は国分氏の紋のままにしておいたのは、佐竹家中での伊達政宗に対する反発が非常に根強いために、「竹に雀」の家紋を堂々と出せない雰囲気があったためとも考えられる。

問題は後段で、この系図では、義宣が盛重を佐竹一族として遇して、嶋崎城主、侍大将に任命したと言っている。これは飽くまでも久保田藩士伊達氏の私的な系図であるから、裏付けなしにそのまま受け取ることは出来ないのだろうが、他に公的な記録が見つかっていない以上、疑問符を付けて信じるしかない。つまり盛重は、亡命早々、天正十九（一五九一）年二月九日の「南方三十三館」の謀殺事件で空城になっていた嶋崎城の城主とされた。そして、盛重に従って来た八十三騎の家臣達も、当然嶋崎の地に住

嶋崎城址
右端の山上が本丸で、御礼神社がある。

み着くことになった。

　ところで、滅亡前の嶋崎氏は「南方三十三館」の諸豪族の筆頭といわれ、したがって嶋崎城も常陸国南部の主要な位置を占める城であった。城址は比高二十メートルほどの台地上にあって、規模が大きく、どことなく松森城に雰囲気が似ている堅固な城である。遺構の保存状態は現在でも比較的良い。周囲は畑地と田圃で、本丸の跡には御礼神社という小さな社が建っている。嶋崎氏の滅亡によって、主家を失った家臣の多くは、嶋崎や潮来などに土着して帰農したと言われている。その多くは嶋崎氏の残党として、主家を滅ぼした佐竹氏に一矢報いるために雌伏して、他日を期していたのであろうが、恐らくそのうち何人かは盛重が新たな領主として取り立てたであろう。ただ、盛重が佐竹義重の義弟であるという情報は当然嶋崎残党にも伝わっていたはずだから、進駐軍となった伊達盛重軍に対する抵抗もかなり強かったのではあるまいか。その不穏な情勢が落ち着いた後のことになるのだろうが、盛重に従って松森城から落ち延びてきた家臣と、嶋崎で新たに取り立てた嶋崎氏の元家臣が、後の嶋崎組下あるいは嶋崎給人と呼ばれる武士集団を形成することになったのだと思われる。

　少し時代を下って、佐竹氏が出羽国に国替えになったときに話を進めよう。水戸城の明け渡しは慶長七（一六〇二）年六月十四日のことであった。伏見城で義宣が国替えを言い渡されたのが五月八日

赤館城址虎口（大手口）

だから、約一カ月で佐竹義重と家臣達は常陸国を出ることになった。しかし、秋田ではまだ受け入れ準備が整っていない。そのため義重達は、棚倉街道（会津街道）を北上して、白川郡棚倉の赤館城に移った。この城は、それまでは佐竹氏の南奥羽への最前線の拠点であり、須賀川城が伊達政宗によって落とされたとき、城代須田盛秀が落ち延びてきた城でもあった。

秋田に向けて先発した白土大隈と桐沢久右衛門が、佐竹軍本隊を率いる家老の和田昭為と川井忠遠の代官として土崎湊城を請け取ったのが八月二日で、その知らせが届くのを待って義重達は八月上旬に赤館城を出発した。同行した家臣団の中には、大乗院と義宣の側室になっていた岩瀬御台の姿もあった。

次の宿駅は、恐らく棚倉から約二十キロ北の矢吹宿で、ここで街道は奥州街道に合流する。そして、そのすぐ先に須賀川の町があった。わずか十年前まで須賀川城の主であった大乗院にとって、この想い出深い町を通るのは、懐かしくもありまた悔しくもあっただろう。自分達を追い落とした甥の伊達政宗を恨む気持ちが強く甦ってきただろうし、二度とここには戻って来られないという虚しさに苛まれたのかもしれない。大乗院は、その須賀川の地で病の床に着き、死去してしまうのである。墓所は長禄寺であるが、そのあたりのことについては別項で触れる。

盛重の家臣と佐竹氏の家臣団

伊達盛重の、この北上の旅の終着地は、出羽国平鹿《ひらか》郡の横手《よこて》であった。そして横手には、横手城のある朝倉山の南麓に、かつて嶋崎町という武家屋敷町があった。

この「嶋崎町」（現・横手市羽黒町）について、『日本歴史地名大系』（平凡社）から引用しよう。

「朝倉山南麓の千手沢（清水沢）の南側で、羽黒中町・末町の西に平行する通称上内町の一部。寛文九年（一六六九）の横手絵図面（横手郷土史資料）に、羽黒小路（中丁）とその西の羽黒御免御足軽町小路（通称川端町）の間に、嶋崎御足軽町小路（「郡区町村一覧」の上島崎町）三〇戸、その北、羽黒小路（末丁）と横手川の間に嶋崎町小路（島崎町）一七戸がみえ、元禄一七年（一七〇四）の横手城下絵図（県立秋田図書館蔵）には、嶋崎御足軽町小路の名はなく嶋崎町のみ町名がみえる。享保一三年（一七二八）の横手城下絵図（秋田県庁蔵）には、御足軽町・嶋崎町の町名がみえ、享保一五年の「六郡郡邑記」に、足軽町八八間半、嶋崎町一一三間余とある」

嶋崎町

更に続けて、
「横手古今大番帳目録（横手郷土史資料）の慶長七年（一六〇二）九月一七日に「嶋崎給人指南は伊達参河守盛重なり」」と記している。
この嶋崎町が、伊達盛重と共に松森城から常陸国に亡命した八十三騎の家臣と嶋崎の地で新たに召抱えた嶋崎氏の元家臣のうち、横手まで付き従ってきて嶋崎組下あるいは嶋崎給人となった者達の住んだ町だったのであろう。ただ、この資料中の寛文九（一六六九）年の項では、嶋崎町の戸数は「嶋崎御足軽町小路」三十戸、「嶋崎町小路（島崎町）」十七戸の合計四十七戸と述べられている。一戸に一人家臣がいたとすると、横手に行ってからの盛重の家臣は全部で約五十人であった。これは飽くまでも推測だが、盛重が嶋崎城を預けられたときには、城の規模から言っても百五十人から二百人程の家臣がいたであろうから、秋田に同行した家臣はその約三分の一から四分の一で、他の家臣は嶋崎または後に城主となった柿岡の地に残ったことになる。

その辺の事情について、『常陸・秋田　佐竹一族』（七宮涬三　新人物往来社）では次のように述べている。

「新領地の秋田、仙北とは……現在のほぼ秋田県域を指している。……常陸五十四万石が、秋田二十万石に減封されたのであった。秋田に移る家臣団は当初は、一族、老臣のほかは譜代九十三騎に限定された。譜代九十三騎とは十三代義盛が元中六年（一三八九）に定めた九十三家である。家臣数にして百五十七名、水戸に残った家臣たちも多かった」

盛重の家臣に限らず、国替え当初は、様々な事情があって常陸国に残った家臣も確かに多かったのは事実であろう。しかし、これが秋田に移住した家臣の最終的な総数ではないようだ。『秋田県の歴史』（山川出版社）には次のように記されている。

羽黒町

上内町

「以上が知行取りの士分で、寛永四（一六二七）年には八百八十八人、幕末の嘉永元（一八四八）年には千九百五十五人を数えている。そしてこれらの下位に扶持米取りの足軽がいて、その数は寛永四年段階で千五百八十五人、大身にかかえられた陪臣層まで含めると全佐竹家臣団の大きさが想像されよう」

この資料から、国替えの混乱がほぼ収まったと思われる寛永四年で見ると、士分と足軽からなる家臣の合計は二千四百七十三人で、陪臣を加えると佐竹氏の家臣団は四千人程であったと考えられる。

これを別の側面から検証する。『横手郷土史』（昭和八年）によると、慶長十九（一六一四）年に勃発した大坂冬の陣に際して佐竹氏が出した兵数は騎馬で言うと百五十騎で、下騎馬（家臣の家来で馬に乗る陪臣）を合わせると約二百騎だった。このときの軍役賦課の割り当ては、知行三百石につき騎馬一騎、三百石以上にはそれに加えて下僕三人と銀百四十目ずつだった。もちろん国許を守る留守部隊もいたはずだから、これがこのときの佐竹氏の全兵力だったわけではない。当時、騎乗する武士は知行三百石について一人というのが通り相場だったから、二十万五千八百石に減封された佐竹氏が動員できる騎馬隊は約七百騎で、下騎馬を含めると約九百から千騎と計算できる。だから、秋田に転封された後の徒士組を含めた全兵力は、やはり四千人程度であったと考えて良さそうである。

ところが、天正十三年十一月十七日（一五八六年一月六日）に仙道人取橋で、佐竹氏、蘆名氏および南奥羽諸大名の連合軍と伊達政宗が合戦をしたときに、佐竹義重が派遣した軍勢は約一万人であったと言われている。このときの佐竹氏の石高は五十四万五千八百石だから、家臣の知行三百石につき騎馬武者を一騎出させたとすると約千八百騎、それに下騎馬を加えて約三千騎、更に徒士組を加えると約一万二千人というのが当時の佐竹軍の総数であったと考えられる。そのうちから国許の守備に約二千人を残して、戦場になった本宮の人取橋に派遣したのが一万人だったと見積もると伝承と辻褄が合う。

つまりここで言いたいのは、佐竹氏が出羽国へ移った後の家臣数が約四千人だったとすると、六千人から八千人もの家臣が常陸国に残留して、他家へ仕官したり帰農したりしたと考えられるということである。

翻って、では伊達盛重であるが、寛文九（一六六九）年の横手嶋崎町の戸数が四十七戸だったことから、盛重指南の嶋崎給人（嶋崎組下）は五十人位であったろうと述べた。これは、盛重が嶋崎城を預けられたときに抱えたと思われる百五十から二百人の家臣の三分の一から四分の一に相当するから、やはり盛重も国替えによって百人程の家臣を常陸国に残すことになった。その中には、松森城から行を共にした者も複数いたことであろう。

もう一つその事を確かめられる傍証がある。それは、慶長十九（一六一四）年十月の大坂冬の陣である。前掲の『横手郷土史』によれば、このときに横手から出征したのは城代伊達盛重を大将とする一隊で、副城代須田盛秀は留守居役になったらしい。だから、このときの横手部隊の編成は盛重指南の横手給人が主体にな

嶋崎町

り、盛秀が指南する「茂木百騎」からは出兵しなかったのであろう。兵数は思いの外少なく、騎馬七騎と馬添え十六人、兵糧運送方二人の計二十五名で、石高に換算すると約二千石に相当する陣容であった。この人数は嶋崎町の戸数の約半分で、つまり嶋崎給人の約半数である。かつては国分氏の当主として六万五千石を領した盛重であってみれば、わずか二十五人の家臣を引き連れて出征する感慨は如何ばかりであったろうか。だが、彼は淡々と自らの運命を受け入れたように思われる。

　この大坂冬の陣で、盛重は仙道人取橋の合戦や松森城の戦いを髣髴とさせる活躍をした。これは先にも詳しく述べているが、冬の陣最大の激戦であったと言われている今福の合戦の際に、盛重は佐竹軍の先鋒の大将を務めたのである。家老の渋江内膳政光が戦死するほどの激戦の最中、盛重も負傷したと想像される。ただし、残念ではあるが、そのような記録が残っている訳ではない。まるで消える直前の蠟燭の炎が一瞬明るく輝くように、ここを先途と華々しく戦って負傷し、そして、その傷が元で翌元和元年七月十五日（一六一五年九月七日）に死去したのであろう。

　実は、盛重が亡くなる二日前の七月十三日に元号が慶長から元和《げんな》に改められ、長く続いた戦乱に終止符が打たれて太平の世が訪れていたのである。いわゆる「元和偃武《えんぶ》」であるが、それと軌を一にして、乱世を生き抜いた盛重は波乱に富んだ生涯を閉じた。

大和川今福古戦場跡
右が佐竹軍が展開した今福村、左が上杉軍が戦った鴫野村。

ここでまた、常陸国での伊達盛重に話題を戻そう。

盛重は文禄五（一五九六）年、八十三騎の家臣を伴い、佐竹義重、義宣父子を頼って常陸に亡命したということは既に何度も述べた。また、そこで佐竹一族として遇され、嶋崎城主、侍大将とされたことも述べた。その嶋崎の地で組織された家臣団が嶋崎給人（嶋崎組下）であるが、慶長五（一六〇〇）年に盛重はその家臣を引き連れて新治《にいはり》郡八郷《やさと》町（現・石岡市柿岡）の柿岡城主となった。もちろん佐竹義宣の命による配置替えだったのだが、亡命してわずか五年目のことであり、嶋崎での治績を評価されてのことであったろう。そしてそれは、常陸を統一したばかりの佐竹氏が、領国支配を強化するためのものであった。茨城県立歴史館発行の『茨城の歴史をさぐる』には次のように記してある。

「常陸国全域の統一を成し遂げた佐竹義宣は、水戸城下および水戸周辺地域を旗本家臣らに支配させ、水戸から遠く離れた地方の支配は、佐竹氏の一門や外様の有力家臣を城代として配置しました。また、家臣に対しては、旧来の本領を離れて、支配地域に集中的に設けられた義宣の蔵入地（領主の直轄地）を城領として管理させ、主要な旧城跡をそのまま利用して佐竹氏の支城としました」

伊達盛重の柿岡城移封、その前史

この記事の通りとすれば、伊達盛重は「佐竹氏の一門や外様の有力家臣」の一人として柿岡城の城代に任じられたのであろう。つまり、その頃の柿岡城は「主要な旧城跡をそのまま利用し」た「佐竹氏の支城」になっていた。

では、何故盛重は常陸国亡命からわずか五年後に、嶋崎城から柿岡城に移封されたのだろうか。もちろん嶋崎での治績が評価されたということもあったのであろうが、そのことを論じるために、柿岡城について検討してみよう。

柿岡城のあった場所は、現在の地名で言うと石岡市柿岡である。その跡地には柿岡小学校やシルバー人材センターが建っている。かつてこの遺構には中学校や役場の分室なども置かれていたようで、それらが建てられる度に城跡は削平されていって、現在は比高約五メートルの平坦な丘陵になっている。少し離れた場所から城址を望むと、小学校の建物が洋風の城館のようで、周囲の擁壁は石垣か土塁のように見えるが、実際はかなり改変されているようだ。小学校への上り坂は登城口（虎口）のようでもあるが、本当にそこが大手口かどうかは分からないらしい。規模の小さな平山城か、あるいは平城と言っても良さそうな構えで、それまで盛重が預かっていた嶋崎城に比べると、かなり小振りという印象を受けた。

柿岡城址
柿岡小学校が建つ。

実は、この城の重要性はその地理的な位置にあると考えられる。柿岡城のかつての行政区域は筑波山麓の新治郡八郷町だったが、現在は合併によって石岡市内になっている。この石岡市の中心部にはかつて常陸国の国府が置かれ、平国香《たいらのくにか》の孫多気維幹《たけのこれもと》が、承平天慶の乱（九三五～九四〇年）の後に伯父平貞盛から常陸大掾《だいじょう》職を譲られて、職名の大掾を姓氏として名乗り、国府の府中城を本拠とした。

この大掾氏の末裔である大掾清幹《きよもと》は、天正十八（一五九〇）年十二月に佐竹義重に攻められ、攻防数日の末に府中城は落ち、清幹が自害して平安時代以来約七百年続いた大掾氏は滅亡してしまう。そして、翌天正十九年二月には「南方三十三館」に拠る大掾氏の一族が常陸太田城で謀殺され、常陸国の国人勢力が一掃されたことは前に触れた。しかし大掾氏一族が滅亡したとはいえ、この府中城の周辺にはいまだに大掾氏の家臣などの残党が失地回復を狙って蜂起しようとしていることは大いに考えられることであった。

柿岡城はこの府中城の西方約十キロに位置している。柿岡城址にある石岡市の案内板には、その歴史的背景について次のように書かれている。

「（前略）源頼朝が幕府を開いたころ、常陸守護職に補せられた八田知家がその子小田時知（時家ともいう）をここにおいたといわれ、それからのち代々柿岡氏を称え東西三キロの片野城とともにこの地方を支配していた。戦国末期には梶原美濃守政景の居城となったが、天正元年小田天庵氏治が太田三楽父子に攻められて敗退するや、柿岡城には真壁房幹が入った。文禄四年（一五九五年）の秋から長倉義興が居住すること六年、慶長五年（一六〇〇年）に急死した。その後国分盛重に代った（後略）」

この文章を理解するためには多少解説がいる。

まず、源頼朝と八田《はった》知家《ともいえ》との関係であるが、「尊卑分脈」によ

府中城址（土塁）

ると、知家は下野守源義朝の子とあるので、実は頼朝の庶兄だったことになる。その知家が藤原道兼の四代孫宗綱の養子となって藤原氏を嗣いだ。藤原宗綱は下野国八田に住んで八田氏を称したが、養子の知家は文治二（一一八六）年に頼朝によって常陸守護に任じられ、小田城（つくば市小田）に住んで小田氏を称するようになった。この小田城は、府中城の西方約十五キロの場所にある。つまり、頼朝が常陸守護として自分の庶兄八田知家を小田城に置いたのは、明らかに旧来の権力者である府中城の大掾氏に対する鎌倉幕府の押さえの意味からだったと考えられる。

次に、その八田知家が「その子小田時知（時家ともいう）をここにおいた」の部分だが、時知は小田氏の系図では知家の曾孫（四代守護）だから、「その子」というのは誤りで、実際に柿岡城を居城としたのは知家の第八子時家であった。だが、この時家は陸奥高野《たかの》郡（福島県東白河郡）を所領としていたために高野氏を称していたという。それがいつの頃からか柿岡氏を名乗るようになったのであろう。

次に、「それからのち代々柿岡氏を称え東西三キロの片野城とともにこの地方を支配していた」の

小田城本丸址（大手口と土塁）

片野城址

部分を検討しよう。

　柿岡城は小田城の北東約十二キロの場所にあり、また片野城は柿岡城の南東三キロにある。だから「東西三キロ」というのは単純な記載の誤りであろう。この片野城は文永年間（一二六四～七四）に小田城防衛の最前線の砦として築かれたといわれている。築城したのは小田氏一族の八田《はった》将監《しょうげん》といわれているが、第二代守護知重以降は八田氏から小田氏に姓を替えているので、八田将監が誰のことなのかは不明である。いずれ、八田氏が小田氏に姓を換えた後にも八田氏を継承した家系に属する人物ではあろう。文永年間は四代守護小田時知の頃だから、石岡市の案内板の文章は、「八田知家が柿岡城においたのは第八子の（高野）時家」で、「小田氏一族の八田将監が、小田時知が守護のときに柿岡城の南東三キロの場所に築いたのが片野城」と解釈するのが正解のように思われる。

　これら小田城、柿岡城そして片野城の三城に大島城と真壁《まかべ》城を加えた五つの城は、筑波山の北・西・南をぐるっと取り囲み、大掾氏の居城である府中城を西

真壁城址
平城で、土塁が取り囲んでいる。

筑波山

方から包囲するように並んでいて、明らかに大掾氏を牽制しつつ「この地方を支配」していたものと思われる。

「戦国末期には梶原美濃守政景の居城となったが、天正元年小田天庵氏治が太田三楽父子に攻められて敗退するや、柿岡城には真壁房幹が入った」の部分は少々ややこしい。時代的にも、前の部分から三百年も下ることになる。かいつまんで説明すると次のようになる。

真壁城から見た筑波山

小田城本丸址からみた筑波山

武蔵岩槻城主で太《おお》田《た》道潅《どうかん》の曾孫の太田三楽《さんらく》資正《すけまさ》は永禄六（一五六三）年に小田原の北条氏康に攻められて大敗し、岩槻城も落城した。太田三楽はその後（永禄八〜九年頃）常陸国に逃げ、十五代守護小《お》田天庵氏治《だてんあんうじはる》から片野城を預けられた。また、三楽の次男政景《まさかげ》は梶原氏を嗣いで梶原美濃守政景と名乗り、柿岡城を預けられた。つまり、元武蔵岩槻城主であった太田三楽父子が常陸守護小田天庵によって片野城と柿岡城の城主とされたのである。このときに柿岡城と片野城を治めていたのがまだ柿岡氏と八田氏であったのかどうか、城の引渡しが穏便に行われたのか、更に彼らがその後どうなったのかは分からない。

ところがこの頃、常陸南部に進出する機会を窺っていた常陸太田城主の佐竹義重は、太田三楽父子が片野城と柿岡城に入ると、誼《よしみ》を通じて小田天庵氏治と対立した。小田天庵は、佐竹氏に寝返った三楽父子を討つべく永禄十二（一五六九）年と天正元（一五七三）年に小幡に出陣したが、太田三楽、梶原政景父子と政景の舅の真壁氏幹《まかべうじもと》のために大敗し、小田城も三楽の軍勢に奪われてしまった。これらの戦いを「小幡合戦」（永禄十二年の戦いは、別に「手這坂《てばいざか》の合戦」）というが、その後数年に及ぶ小田城争奪戦を繰り返した挙句、結局、小田天庵氏治とその子守治は白河に逃れて、常陸守護職の小田氏は十五代で滅んでしまった。この小田氏滅亡劇の陰で糸を引いていたのは、言うまでもなく佐竹義重であった。

天正元年の「小幡合戦」の後、佐竹義重はその功によって梶原美濃守政景に小田城を与えたが、ではそれまで政景の居城だった柿岡城には誰が入ったのだろうか。石岡市の案内板には「柿岡城には真壁房幹が入った」とのみ記されている。一方小田城を預けられ、佐竹氏の家臣となったその後の梶原政景は、天正六（一五七八）年には北条氏政と戦うなど、後北条氏に対する太田氏積年の恨みを晴らすかのようないくさを続けた。

柿岡城と真壁房幹

柿岡城に梶原政景の後任の者が城主として入ったのは、「小幡合戦」の天正元年からそう遠くない時期だったと思われる。柿岡城の案内板ではそれが真壁房幹だったとされているが、実際には真壁十七代久幹《ひさもと》の次男の義幹《よしもと》が柿岡城を預けられたらしい。真壁房幹《ふさもと》はその義幹の子供で生年は永禄十二（一五六九）年だから、天正元年当時には四歳であった。後に義幹の跡を継いで柿岡城主となった房幹は、梶原政景の舅で伯父に当たる真壁十八代氏幹の養子になって真壁本家をも継ぐのだが、家督を譲られたのは慶長元（一五九六）年とも慶長三年とも言われている。だが、文禄元（一五九二）年の文禄の役の際には氏幹に代わって出陣しているから、その頃までには氏幹の後継者として認められていたのであろう。

房幹が家督を譲られたときから柿岡城が真壁本家の城になった。

真壁氏は元来大掾氏の一族で、多気直幹《たけなおもと》の第四子長幹《ながもと》が真壁郡真壁郷の地頭として城を構えて真壁氏を称したのに始まるのだが、大掾氏本家からはある程度距離を置いて、小田氏や佐竹氏とも交流していた。その真壁氏が居城とした真壁城は柿岡城の北西約九キロに位置している。真壁十八代氏幹は、梶原政景が常陸国十五代守護小田天庵から柿岡城を預けられた永禄八〜九（一五六五〜六）年頃から、いわばご近所の城主として付き合い、また政景に自分の娘を嫁がせて太田三楽父子に対する影響力を強めていた。ところが、前述したように、政景は佐竹義重から「小幡合戦」の功を認められて、天正元（一五七三）年に小田城を与えられ、柿岡城は空き城になってしまった。そのため、柿岡城には真壁氏幹の弟義幹が入り、その後義幹の跡を継いで柿岡城主となった房幹が、天正十八（一五九〇）年までの間に氏幹の養嗣子となって、慶長元（一五九六）年あるいは慶長三年に真壁本家の家督を譲られたのだと思われる。

天正十八年四月、小田原攻めに出陣した豊臣秀吉と会見した佐竹義宣が常陸一国の統治を任されると、同年十二月、父の義重は水戸城の江戸重通を攻めて追放し、続けて府中城の大掾清幹を攻撃した。追い詰められた清幹は自害し、約七百年の永きに渡って常陸国を支配した大掾氏はここに滅亡した。しかし、府中城の周囲にはまだ大掾氏の家臣などの残党が雌伏しており、府中城を睨む位置にある柿岡城の重要性が直ちに低下したとは言えない状況であった。

柿岡城は、今度は改めて佐竹氏の支城としての意味を持つことになったのだが、天正十八年時点の城主は相変わらず真壁房幹であった。真壁氏は大掾氏の一族ではあったが、佐竹氏に従っていたために、天正十九年二月に大掾氏一族が常陸太田城に集められて殺された「南方三十三館の謀殺事件」にも巻き込まれず、無事であった。しかし、佐竹氏への集権を進める義宣は、文禄三（一五九四）年九月、重臣の配置替えを断行し、真壁房幹は柿岡城から大島城（つくば市大島）に移され、柿岡城には、文禄四年の秋から長倉義興《ながくらよしおき》が居住することになった。この頃の動きについて、柿岡城祉に立てられている石岡市の案内板には以下のように簡単

府中城址（常陸国総社宮）

柿岡城址土塁

に記されている。

「文禄四年（一五九五年）の秋から長倉義興が居住すること六年、慶長五年（一六〇〇年）に急死した」では、次にこの部分について考察しよう。唐突に出てきた感がある長倉義興だが、彼は一体何者で、なぜ柿岡城主とされたのであろうか。

佐竹氏が手を焼いた長倉氏

元をただせば、長倉氏は佐竹七代行義の次男義綱が、文保元（一三一七）年、那珂郡御前山《ごぜんやま》村長倉に城を築いてそこに拠ったのに始まる。だから元々佐竹氏の一族である。長倉城は、南北朝時代以降、鎌倉公方の管轄下に置かれた下野国との国境近くに築かれた堅固な山城で、常陸太田城の佐竹氏にとっては最前線の砦のはずであった。ところが長倉氏は、やはり佐竹一族の山入氏と共に、佐竹本宗家に対して、ときに従いときに叛くという厄介な一族でもあった。

応永十四（一四〇七）年、佐竹本宗家で嗣子問題がおこった。佐竹十二代義盛には男子がいなかったため、関東管領《かんとうかんれい》山内上杉憲定《やまのうちうえすぎのりさだ》の次男竜保丸《りゅうほまる》を婿養子に迎えようとした。これに反対した長倉義景《よしかげ》をはじめ、山入《やまいり》氏、野口氏、額田《ぬかた》氏、稲木氏など佐竹氏の有力支族が、竜保丸の常陸への入国を阻止しようとして長倉城に立て籠もった。これを「応永十四年の変」、あるいは「山入一揆」「佐竹の乱」などと言う。この乱では、鎌倉公方足利満兼に命じられた上野国の岩松満純が、関東各地から集めた六千の大軍をもって長倉城を包囲した。しかし城は容易に落とせず、半年もの攻防の末に兵糧攻めを行い、ようやく降伏開城させて終結した。その結果、竜保丸は無事に義盛の婿養子となって佐竹十三代義憲《よしのり》（義人）となり、長倉義景もその事実を認めて許された。

義憲の入嗣によって、清和源氏の嫡流である佐竹氏の血に、藤原氏の流れを汲む上杉氏の血が混じることになってしまった。長倉義景をはじめとする「山入一揆」に与した佐竹一族が、義憲の入嗣に反対した理由は、案外そんなところにあるのかもしれない。

また応永二十三（一四一六）年に、前の関東管領上杉氏憲（禅秀）が鎌倉公方足利持氏に反旗を翻した「上杉禅秀の乱」が起こった。このときには、持氏を支持した佐竹十三代義憲に対して、応永十四年に義憲の入嗣に反対した「山入一揆」勢は、氏憲を支持してそれぞれの城に立て籠もった。長倉義景も長倉城に拠って反抗したが、最後には室町幕府が足利持氏を支援したため、上杉禅秀が自害して乱は終結した。結果的には、このときも長倉氏は事なきを得ている。

更に、永享七（一四三五）年、今度は室町幕府の将軍足利義教と鎌倉公方足利持氏との間に紛争が起こった。佐竹義憲が持氏を支持しているため、反義憲派の長倉義景の後嗣義成は、将軍義教の側について長倉城で挙兵した。これは佐竹本宗家に対する明らかな反抗であった。「上杉禅秀の乱」のときにも抵抗した長倉氏に対して、鎌倉公方持氏は、また上野国の岩松氏に出兵させた。

長倉城址

岩松満純の後嗣持国は「山入一揆」のときの父満純と同様に、関東諸国の軍勢六千を率いて長倉城を攻めたが、ついに城を落とすことができずに和睦して兵を引き揚げた。『長倉追罰記』に、この合戦のことが書いてあるのだが、その中には「遠江守（長倉義成）名を日本に挙げ」た、と誇らしげに記されている。

このように長倉氏は、佐竹本宗家にとって総じて何とも厄介な一族であった。しかし、佐竹氏中興の祖といわれる十五代義舜《よしきよ》は、それまで散々手を焼いていた山入氏を討って常陸国北部を制圧することに成功した。そして、この後佐竹氏の集権化が進み、他の佐竹一族は佐竹本宗家の支配下に組み込まれていくことになる。ところが、長倉氏だけはなおも反抗し続けた。長倉十一代義忠は、天文九（一五四〇）年に佐竹一族の野口直之允と佐竹十六代義篤との間に起こった紛争に際して、野口氏の側に立って加勢したが、結局は敗れて自害した。この結果、ようやく長倉氏の勢力は衰えを見せ始めた。

天文十一年から六年間続いた「天文の乱」は、伊達稙宗と嫡子晴宗との間の伊達氏の内紛であったが、やがて奥羽諸国の諸大名をも巻き込んだ争乱になった。その余波は常陸国にも飛び火し、天文十二年、長倉十二代義重は、伊達晴宗に味方した佐竹十六代義篤《よしあつ》に従って奥州窪田の陣で相馬《そうま》顕胤《あきたね》と戦い、戦功を挙げている（「長倉系図」）。長倉義重の後嗣が三郎遠江守義当《よしまさ》で、佐竹十七代義昭、十八代義重に従って各地に転戦した勇猛な武将であったが、十九代義宣になって、理由は不明だが罪を問われてしまう。

この長倉義当の後嗣が、後に柿岡城主とされた義興である。前述したように、佐竹義宣は豊臣秀吉の権威を背景にして、天正十八（一五九〇）年以降、大掾氏一族を滅亡させるなど常陸国の武力による統一を断行し、更に集権化を進めるために直属の重臣の配置替えを行った。その一環として、文禄三（一五九四）年九月に真壁房幹を大島城に移した後の柿岡城に、長倉義興を、代々約三百年間居住した長倉城から移封させたのである。石高はわずかに二千三百二十石であったという。この事実は、長倉氏の力の衰えを如実に示すものでもあった。表向きは「重臣の配置替え」による移封、ということになっていたのだが、実はそうではなかったようだ。

柿岡城址の案内板では、長倉義興が「慶長五年（一六〇〇年）に急死した」と書いてある。また、先代の長倉義当は佐竹義宣に罪を問われて殺されているのである。「長倉系図」によると、義当は「佐竹義宣に背き慶長三年死を宣せられ蒼泉寺に歿す」とだけ書いてある。この蒼泉寺は、実は長倉城のすぐ隣にある寺で、義当が歿した慶長三（一五九八）年は、長倉義興が柿岡城に移って既に三年が経っている。そして、義興自身もその二年後の「慶長五（一六〇〇）年に急死した」という。義興の死に関しては、「戸村本系図」に「水戸城修築に際して、義宣の命に従わなかったため、慶長四年太田正宗寺に蟄居を命ぜられ同五年に頓死した」という

蒼泉寺

太田正宗寺

ように書いてある。

これらのことから想像すると、義宣は重臣の配置替えに事寄せて、佐竹氏の集権化にとって抵抗勢力となっていた有力支族の長倉氏の粛清を、何としてでも図りたかったのだろう。だから、「佐竹義宣に背き」とか「水戸城修築に際して、義宣の命に従わなかったため」云々というのは、単なる理由付けであったと考えられる。

伊達盛重の柿岡城移封

つまり、佐竹義宣は、文禄四（一五九五）年に長倉義興を柿岡城に移封して、父親の義当から遠ざけ、慶長二（一五九七）年に義当を長倉の蒼泉寺に幽閉して翌三年に殺害し、更に慶長四年に義興を常陸太田の正宗寺に蟄居させて、翌五年四月に殺害し、佐竹本宗家にとっていわば懸案だった長倉氏の断絶をやっと成し遂げた。この義興の死は、自害とも毒殺とも言われている。

この結果、柿岡城はまた主のいない空き城になってしまった。柿岡城のその後について、柿岡城址にある石岡市の案内板には簡単に「その後国分盛重に代った」とのみ記されていて、まことに素っ気ない。

先にも触れたように、元々長倉氏は佐竹氏の有力な支族であり、本領であった那珂郡御前山《ごぜんやま》村の長倉城から遠く離れた柿岡城に移封され、かなり衰えたとはいっても、三百年も続いた家柄だけに、地縁の濃い強力な家臣団をなお維持していたものと思われる。だから当主の義興が「殺害」されても、柿岡城にはその遺臣が立て籠もって、佐竹本宗家に抵抗する意思を示していたとしても不思議はなかった。城を枕に殉死する覚悟であったろう。したがって新しい城代の条件は、死を覚悟した長倉氏の残党を殲滅させた上で、柿岡城を請け取ることに抵抗感の少ない、つまり長倉氏との関わりが薄く、かつ義宣が信頼しうる重臣でなければならなかった。そして、そのような条件に当てはまったのが、常陸国に来て日が浅くかつ義宣の義理の叔父である「新参佐竹一族」の伊達盛重であった。

　文禄五年春、八十三騎の家臣を伴って常陸国に亡命した盛重は、亡命早々から「南方三十三館の謀殺事件」で空き城になっていた嶋崎城を預けられていたと考えられる。義宣から柿岡城請け取りと新しい城代になる要請を受けた盛重は、宮城の松森城から伴ってきた家臣や、嶋崎の地で新たに取り立てた家臣からなる後の嶋崎組下（嶋崎給人）を引き連れて柿岡城に向かった。慶長五（一六〇〇）年の春まだ浅い霞ヶ浦の北岸を粛々と行軍する盛重は、久し振りのいくさ支度に奮い立っていたことであろう。

　ここからは、創作である。

　盛重は、隊列の先頭に宮城から持って来ていた軍旗の幟を立てさせた。それは、国分氏の家紋「九曜」を染め抜いた幟であった。

「殿、この幟を立てるのは久しぶりですな」

　盛重のすぐ後ろを騎乗していた川井作右衛門（創作人物）がい

柿岡城址（石岡市の案内板）

かにも嬉しげに言った。

「そうよのう。兄上（伊達輝宗）に伊達の苗字と竹に雀の御紋を許されてから、伊達を名乗ってきてはいたが、わしはずっと国分を本姓と思い、戦陣でも〈九曜〉を旗印としていた。再びこの幟を押し立てられて、まことに晴れがましく思うぞ。もっとも、この佐竹の御領内で〈竹に雀〉の幟を立てたら、どこから鉄砲玉が飛んでくるか分からぬぞ」

そう言うと、盛重はさも愉快そうに笑った。

「それもそうですな」

作右衛門も、つられてカラカラと笑った。

盛重は、国分氏の棟梁を示す伝来の様式である小桜縅の鎧を着ている。それは松森城の合戦のときにも着用していた甲冑であった。

「そういえば、殿の具足も国分の御大将のものでしたな。今様の拵えではありませぬが、華やかで、いかにも平家を祖とする武士《もののふ》らしくて、良いではありませぬか。このあたりは新皇と称した、かの平将門に由緒深い土地でもありますれば」

「まこと、わしにはあの伊達の黒漆塗りの五枚胴具足という奴がどうにも気に入らなかった。政宗や（片倉）小十郎達は伊達の全軍に黒備えをさせたがっておったが、知っての通りわしは国分衆には国分伝来の備えをさせた。それも彼奴らには面白くなかったのであろう」

「そうでしたな。それがしにもあの黒備えは、どうにも馴染めませなんだ。あれではまるで地獄の

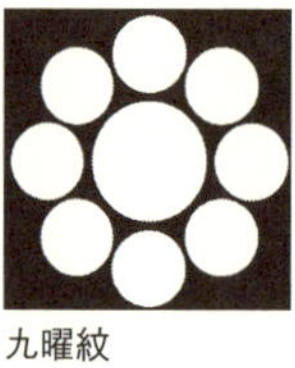
九曜紋

竹に雀紋

亡者の集まりでござりましょう。後世には〈だあすべいだあ〉などと呼ばれるやも知れませぬぞ」

「うん？　だあす……それは何のことじゃ？」

盛重が振り向いて問うと、

「それがしが何ぞ申しましたかな。殿、空耳でございましょう」

と言って、作右衛門はまた楽しげに笑った。

川井作右衛門は続けて、

「しかし、此度はいくさ支度をしてまいりましたが、本当にいくさになりましょうかな」

と盛重に問いかけた。

「それは分からぬ。じゃが、長倉殿は佐竹の古くからの御一門ゆえ、強い御家来衆をお持ちであったようじゃ。武勲も多くあると聞く。義興殿には無念の御最期であったようだが、御子息（義雅、重綱）もおいでとのこと、必死の御家来衆が城に立て籠もっておるようじゃと、何やら難しいことになるやもしれぬな」

伊達三河守盛重は、四年前文禄五（一五九六）年三月の自分のことを思い出していた。岩出山城での甥伊達政宗との密約のこと、そのときの打ち合わせ通りに松森城を政宗軍に攻められたこと、わずかの抵抗の後に家臣八十三騎を伴って城の搦め手から落ち延びたこと、約定通りに義兄の佐竹義重を頼って常陸国に亡命したこと、そ

岩出山城本丸内門跡

の結果、四百年間国分氏の領地であった宮城郡など六万五千石が政宗のものになり、国分氏の家臣団がほぼ無血で解体されたことなど、未だに夢を見ているような心地であった。

　あの国分氏解体の出来事が盛重と政宗との狂言であったことは、作右衛門はじめ宮城から伴ってきた家臣はもとより、誰にも話してはいない。いや、将来自分がどうなろうとも生涯口外することはないであろう、と盛重は心に決めていた。宮城を伊達に譲るという、そのことは、国分氏の祖先に対する大きな裏切り行為であったのだが、政宗は約束を守って、宮城に残してきた国分氏の家臣を「撫で斬り」にはしなかった。かえって、国分衆と称して伊達家の家臣として新たに召抱えているらしい。風の便りでは、盛重の妻子もとりあえずはみな無事のようであった。それは、常陸に伴った家臣達の家族も同様であった。盛重と共に亡命した家臣の誰もが、見せしめに家族は皆殺しにされることを覚悟していた。それが戦国の世の習いなら、まして相手が小手森《おでもり》城や佐沼城で「撫で斬り」をやった政宗なら仕方がないとあきらめていた。しかし、宮城でそのような惨事が起きた、という情報はもたらされなかった。

「はて」

　と皆訝ったが、とにかく家族が無事であるということは嬉しいことではあった。盛重と政宗との密約を、うすうす感づいてはいたのかも知れないが、誰もそのことを口に出しては言わなかった。

佐沼城址
葛西大崎一揆の残党2500余人がこの城で撫で斬りにされた。

これから、柿岡城でいくさになるかどうか、作右衛門が気にしていたのは、それが凄惨な「撫で斬り」になりはしないかということも含んでいることを、盛重は言外に感じた。常陸国で新参者の自分達が、その立場を築くためには実際に力を誇示する必要がある。佐竹の家臣団が注目しているであろう、この「柿岡城請け取り戦」はその良い機会であった。

「死に場所を求めて城に立て籠もっている長倉殿の遺臣達は、最後の一人まで抵抗するであろうから、気は進まぬが撫で斬りも止むを得ぬ」

と盛重は思っていた。

霞ヶ浦沿いに来た道は、やがて湖岸を離れて、今度は筑波山に向かって辿り始めた。この道は、重臣の配置替え以来、佐竹左衛門尉義種（佐竹南氏）が居城としている府中城に通じていた。道の両側には紅白の梅が今を盛りと咲いている。その馥郁とした香りの中を、武装した盛重の隊列が進んで行った。

辺りには、武士達の鎧の草摺や袖が擦れる音だけが響いているようだった。陽はまだ中天にある。

と、道の向こうから一騎の母衣《ほろ》武者が土埃を巻き上げながら疾駆してきた。そして伊達隊の道の先で馬から降りて盛重の馬前に駆け寄ると、片膝をついて頭を下げた。その武者も甲冑を身に着けて兜を被っている。

筑波山

「伊達三河守様のお行列とお見受けいたします。それがしは、府中の佐竹左衛門尉の家臣でござる。あるじよりの言づてをお伝え申す」

母衣武者が言うと、盛重が答えた。

「大儀。承ろう」

武者は一呼吸して、言葉を続けた。

「三河守様には、府中に立ち寄られることなく、片野城に急ぎ参られるように、との事でありました」

「では、軍議は片野城でということか」

伊達盛重がそう問うと、

「左様・心得ます。片野には城主の石塚大膳亮（義辰）様、小田城の小場式部大輔（義成）様、石塚城の東山城守（義久）様、上古内館の古内下野守（義貞）様、そしてそれがしのあるじ南左衛門尉（義種）が既に集まられて、三河守様のご到着をお待ちいたしておられます」

「左様か。すると、片野城におられるのは、皆様佐竹御一門衆ということなのだな」

片野城址

上古内館址付近

と盛重が確かめるように問うと、母衣武者は「はは、左様に存じます！」と平伏して答えた。

柿岡城攻撃の本陣になったと思われる片野城には、このとき、盛重の与力として柿岡城の周辺の城主達が集っていたと考えられる。偶然かどうかは分からないが皆佐竹氏の一門で、御苗字家と呼ばれる佐竹南氏、佐竹東氏、後に佐竹西氏となる小場氏、古内氏そして城主の石塚氏あたりであったろう。

「ということは、先陣はやはりわしか」

と盛重がつぶやくと、

「殿、なかなかに良いではござらぬか。佐竹のご家中は我々の力をお試しなのでしょう。そうとなったら伊達の、いや国分の名に懸けて存分に働きましょうぞ」

川井作右衛門が吹っ切れたようにそう言い放った。盛重は、母衣武者に向かって、

「委細承知。その方も急ぎ片野へ行って、わしが承知した旨を左衛門尉様にお伝えしてくれ」

と言うと、武者はもう一度平伏してから馬にまたがり、今度は道を右手に取って片野城の方角へ向かって駆け去った。

盛重は、作右衛門の方を振り返り、

「さて、御一門衆は何としてもわしにいくさをさせたいと見える。やんぬるかな」

と言うと、今度は全軍に向かって大音声で命令を伝えた。

「皆のもの、此度は国分侍の、そして嶋崎侍の力を天下に示そうぞ。道を右に取って根小屋の片野城へ向かう。半刻ばかりじゃ。早駆けしようぞ」

盛重は一鞭入れると、振り返らずに駆け出した。馬に揺られて甲冑の擦れる音が早春の空気の中に

響き、心が昂ぶってくるのを心地よく感じていた。

前述したように、片野城は現在の石岡市根小屋字天神谷にある比高約二十メートルの平山城で、小田氏の一族の八田将監によって築かれたと言われている。城の遺構は畑地や神社などになっているが、比較的よく保存されており、空堀や土塁、郭などを確認することができた。柿岡城は、この片野城の北西約三キロにある。つまり、柿岡城を攻める最前線の城としては、この城が最も適していたであろうから、軍議が行われた本陣として勝手に想定してみた。

このときに、実際に戦闘があったのかどうか、撫で斬りがあったのかどうかは、記録がないので分からない。だが、殉死が美徳とされていた時代であることを考慮すると、多少の小競り合いと、何人かの重臣や義興の近臣が追い腹を切った可能性は否定できない。

では、その後の長倉氏はどうなったのだろうか。『中世常総名家譜（上巻）』から引用する。

「義興の弟某は、現在の栃木県馬頭町、栃木県美和村にまたがる鷲子山上神社別当となり、いまに伝わる宮司長倉氏は、その末裔である。また、秋田移封に供奉した長倉蔵人は、長倉義興の近親者か、あるいは、分家で家老の大沢氏であるか不明である」

長倉城址

ここでは、義興の子供については触れられていない。一説では、義雅は大叔父の大沢義益に庇護され、その子義学のときに松平光仲に仕えたとされている。佐竹氏の秋田移封に従った長倉蔵人とは、あるいは義興の子供の義雅か重綱であったのかもしれない。

柿岡城代伊達盛重と東義久

いずれにしても、慶長五（一六〇〇）年四月に長倉義興が死去した後に、伊達盛重が柿岡城の城代になったことだけは明らかである。

ところで、盛重が柿岡城の城代となったときの石高はどのくらいだったのだろうか。直接示された資料がないので、これも類推するしかない。柿岡城にある石岡市の案内板には、盛重の後のことについて次のように記してある。

「徳川になってから後、九州柳川の立花氏の領地となり、稲葉正勝の領地を経て徳川氏の直領として代官の支配となり、明治維新まで続いた」

長倉義興が柿岡城に移封されたときの石高は二千三百余石であった。また、佐竹氏が秋田に国替えになった後の慶長十九（一六一四）年に城主となった立花直次は五千石、更に元和九（一六二三）年に入封した稲葉正勝も五千石であった。したがって、盛重が城代となったときには、二千三百余石以上五千石までの間の石高であったと考えてよさそうである。いずれにしても、宮城で国分氏の棟梁であったときの石高六万五千石に遠く及ばないのは、致し方ないことであった。盛重はじめ、柿岡城に入った家臣達は、所領は少なくても、ここが安住の地となることを願い、また、そうなることを期待したことだろう。

ところで、柿岡城は新治郡八郷町（現在は石岡市柿岡）にある。そして、この柿岡城の北方には佐竹東氏の所領が隣接しているのである。先に触れたように、盛重が柿岡城の城代になったとき、東氏は義久が当主であった。その義久について『佐竹史探訪』から引用する。

「義久は武勇衆に優れ、天正年中、総侍所を賜り、山城守となり御床机代を務め、数々の合戦に功名を挙げた。

天正十八年に豊臣秀吉から従五位下、中務大輔に任ぜられ、羽柴の姓と桐の紋を賜り、常州鹿島・茨城・新治など各郡から都合六万石の知行地をあてがわれた。このことは秀吉がはっきりと義久を大名に取り立てたことを意味する。だから、義久は宗家義宣と同格であって他の一門衆のように豊臣政権化の陪臣ではないのである。これをもってみても東家は一門衆の筆頭でなければならない。義久は慶長六（一六〇一）年十一月二十八日、水戸で死去、四十八歳」

逝去の年から逆算すると、東義久は天文二十二（一五五三）年生まれで、盛重と同じ年齢である。立場こそ違うが、新治郡での所領が隣り合っていて、義久が死去するまでの約二年間、同じ年齢の誼《よしみ》で親交があったとしても不思議はない。義久の嫡男は義賢であるが、三男は通称五郎。義久が死んだとき、この五郎はまだ八歳であったが、後に盛重の養嗣子となって、左門宣宗と名乗ることになる。

妻子を宮城に残して来た盛重には、日々成長する五郎の姿が、八歳のときに別れた自分の末子小四郎（後の古内主膳重広）のイメージと大きく重なったのではないだろうか。恐らく佐竹本家の義重夫婦あるいは義宣の意向もあって、義久は生前から盛重に五郎の行く末を託していたのだとも考えられる。

五郎が正式に盛重の養嗣子と認められたのは、横手に移った後の慶長十三年、五郎十四歳のときであった。このとき、元服した五郎は秋田窪田城で義宣に拝謁し、一字を賜って宣宗と名乗ることになった。

ところで、盛重が柿岡城の城代になったこの時期、日本国の天下は大きく揺れていた。それは関東も同様で、佐竹氏にとっても例外ではなかった。一代で天下を掌握した豊臣秀吉が、慶長三（一五九八）年八月十八日に六十三歳で死に、国の趨勢は、徳川家康と石田三成の手に委ねられた。

奥州では、会津百二十万石を領する五大老の一人上杉景勝の存在が大きな鍵を握っていた。関東、奥羽の有力大名を色分けすると、伊達政宗と最上義光は徳川家康に近い。それに対して佐竹義宣は石田三成についていた。

盛重が柿岡城の城代となった同じ慶長五年の六月六日、天下が動き始めた。徳川家康は上洛の要請に応じようとしない上杉景勝の討伐を決意し、この日、豊臣秀頼の命令として東国の大名達に会津への出陣を命じた。それに従って義宣は仙道筋に軍を進め、棚倉の赤館城に入った。同じく出陣した伊達政宗は、七月になると早々と上杉領になっていた旧領刈田《かった》郡の白石城を攻め始めている。

柿岡城址土塁

佐竹氏の出羽国への旅立ち

ところが、徳川家康が伏見から江戸に向かったのを見届けると、今度は石田三成が家康討伐の動きを見せ始め、慶長五（一六〇〇）年七月二十四日、五奉行連署の触れ状が佐竹義宣にも届けられた。家康の命に従って上杉討伐の軍を進めていた義宣は、その触れ状を見て、急遽佐竹軍の赤館城以北への出陣を控えさせ、状況を見定めることにした。水戸城で軍議が開かれたことであろう。八月、義宣は江戸城の家康と、会津の上杉景勝に使者を送り、双方に味方をすると伝えている。それが佐竹氏の結論だった。

結局この天下分け目の時局に際して、佐竹氏は日和見の態度を採ることになったのだが、義宣の三成との関係からすれば、それはある意味で止むを得ないことだった。後世誤った選択だったように言われることがあるが、それは結果論であって、当時の義宣の選択としては決して誤ってはいなかった。そして義宣の選択は、伊達盛重も含めた佐竹家臣団の選択でもあった。

ところが、案に相違して九月十五日の関ヶ原の合戦は、家康を総大将とする東軍が一日で勝利して呆気なく終結してしまった。この結末は、西軍の勝利を予測していたであろう大名達にとって、それは徳川氏側近の大名を除くほぼすべての大名達だったと言っても過言ではないのだが、予想外の一方的なものであった。大方の見方は、いくさは長引いて、西軍が勝利するか、悪くしても双方の痛み分けで終わり、豊臣の天下は東西対立の体制のままバランスを保って続いて行くか、また戦国乱世に戻るというものであったと思われる。

　日本の国を二つに割って争われた関ヶ原の合戦の戦後処理は、東軍大勝利の結末を受けて、かなり厳しく行われた。ただし、家康が正式に征夷大将軍に補任されて徳川幕府を開いたのは慶長八（一六〇三）年二月のことだから、この段階での処分はまだ家康による私的なものであったが、それに逆らえる大名は最早いなかった。それはともかく、結局西軍に味方した大名は八十八家が改易され、総大将の毛利輝元は百二十万石から三十六万九千石に減封、上杉景勝も会津から米沢に移封されて、百二十万石から三十万石に減封された。これらの処分は慶長六年までにほぼ決まったが、日和見の態度を採った佐竹氏に出羽国への減転封が言い渡されたのは、慶長七年五月八日であった。この辺りのことについては、既に触れている。

　結局、伊達盛重が柿岡城の城代だったのは、約二年半という短い期間であった。特に関ヶ原の合戦で西軍が敗れた慶長五年九月十五日以降は、佐竹氏のそして自

赤館城址
佐竹氏の仙道筋への出入り口の城。

上杉神社（米沢城址）

分の運命がどうなるか、もし佐竹氏が改易ということになったら自分は浪人となるのか、宮城から付き従ってきた家臣達はどうなるのかなどと思い悩み、不安な日々であったに違いない。だから、佐竹氏に対して出羽国へ国替えという家康からの沙汰があったということを聞いたときには、石高がどうなるかなどという心配よりも、むしろ改易されなかったことへの安堵感の方が強かったのではないだろうか。

その沙汰の報告を受けて、義宣は伏見に滞在しているために、常陸国では隠居していた義重が中心になって水戸城に重臣が集められ、出羽国の情報収集と移住のための計画作りが行われた。国替えの申し渡しから一カ月後の六月九日には、早々と水戸城請け取りの正使花房道兼と島田利正が水戸に到着している。慌ただしい準備の後、七月中旬には各城からの家臣団の退去と常陸国の引渡しが完了し、先発して出羽国に移住する家臣団は続々と棚倉の赤館城に入った。

一方で出羽国を請け取るために、和田昭為と川井忠遠は六月二十六日に赤館城を出発している。和田と川井の代官の白土大隅と桐沢久右衛門が土崎湊城を請け取ったのが八月二日で、その知らせを受けて義重達は赤館城を出発した。その中には上臈《じょうろう》衆も含まれていたであろう。そして、大乗院（阿南姫）と義宣の側室になっていた岩瀬御台の姿もあったと考えられる。

重臣会議で横手城の城代になることが決められていたであろう伊達盛重は、和田と川井の二人が出発して間もなく、家臣の嶋崎組下を率いて赤館城を後にした。それが姉の大乗院との今生の別離になるとは、盛重には思いもよらなかったであろう。

大乗院（阿南姫）の最期

慶長七（一六〇二）年八月初旬、大乗院（阿南姫）と岩瀬御台そして他の上臈衆を含む佐竹義重一行は、棚倉の赤館城を出て、出羽国に向けて二度と帰ることのない北上の途についた。この棚倉街道は、釜子、根宿を通り、矢吹で奥州街道に入る。恐らく一行は矢吹宿に一泊し、そしてその次の宿場が須《す》賀川《かがわ》の城下であった。

この須賀川は、かつて大乗院が嫁いだ二階堂氏が治めていて、十三年前に甥の伊達政宗によって追い落とされた悔しくも懐かしい町であった。その後大乗院の弟で石川氏の後嗣となった石川昭光が城主となったこともあったが、関ヶ原合戦後の慶長六年からは、新たに会津藩主となった蒲生秀行の家臣蒲生郷成が治めていた。

これはあくまでも想像に過ぎないのだが、その須賀川に差し掛かったとき、大乗院は十三年間流浪し続けた緊張感が突然融けて、虚脱状態になったのではないだろうか。かつて政宗軍に攻められて焼け落ちてしまい、今は再建された須賀川城を訪ねたことであろうし、また、佐竹氏の一行が須賀川を通るということを聞きつけた旧知の者たちが訪ねても来たであろう。ほんの一昔前の事である。そのときの出来事をまざまざと思い出して深い嘆きに沈んだとしても決して不自然ではない。そして、出羽国という見ず知らずの土地での、この先の生活への不安も重なって、大乗院はこの懐かしい須賀川の町で病の床についてしまった。

ところで、須賀川市にかつて菊阿弥《きくあみ》という地名があった。現在は上北町となっているが、この地名は高橋菊阿弥という尼僧の名前から出ている。実はこの人物は、大乗院が天文十（一五四一）年に桑折西山城で伊達晴宗と栽松院（久保姫）の長女として生まれたときに乳母になった女性であるらしい。大乗院が二階堂盛義に嫁いだときにも供をして須賀川に来て、大乗院と苦楽を共にした人物であった。天正十七（一五八九）年十月二十六日、伊達政宗が須賀川城を攻撃したときにも、籠城した人々の中に高橋菊阿弥と高橋右衛門親子（?）の名前が認められる。

この尼僧菊阿弥は、須賀川城落城後、山寺村宝来山米山寺《べいさんじ》に入り、慶長三（一五九八）年からは、現在、岩瀬公立病院が建っている場所にあったといわれている医王山薬王寺に居住していた。だから佐竹氏一行が須賀川に差し掛かったとき、菊阿弥が、一行の中にいると思われる大乗院と岩瀬御台を訪ねて行ったのは大いに想像できよう。このとき大乗院は六十一歳だから、その乳母だった菊阿弥は八十歳位にはなっていたであろう。憔悴しきっていたであろう大乗院は、この菊阿弥に介抱されて、菊阿弥の庵でしばらく療養していたが、二階堂家を再興するという積年の思いを果たせないまま、とうとう力尽きたように不帰の客となってしまった。命日は不明であるが、慶長七年八月末から九月初め頃であったと思われる。

薬王寺跡（岩瀬公立病院）

大乗院が亡くなったとき、傍らには養女で姪の岩瀬御台と、岩瀬御台の姉で姪の小杉山御台、秋田に先発していなければ弟の伊達盛重、かつて家臣だった須田盛秀、そして義弟の佐竹義重もいたかもしれない。岩瀬御台は、婿を取って二階堂家を再興するという大乗院の本来の望みとは異なって、水戸で佐竹義宣の側室となったが、この国替えの道中は恐らく大乗院や小杉山御台と連れ立っていて、大乗院の臨終にも立ち会ったであろう。

　大乗院の葬儀は、二階堂氏の菩提所長禄寺で営まれた。この長禄寺は元は須賀川城に隣接していて、天正十七年に伊達政宗が須賀川城を攻撃したときに、二階堂四天王とまでいわれた守屋筑後守俊重が伊達軍に内応してその便所に放火し、それが須賀川城にも延焼して落城のきっかけを作ったという因縁の寺でもあった。大乗院を裏切った守屋俊重はその後、政宗に仕えている。

　大乗院はこの長禄寺に葬られた。享年六十二歳。戒名は大乗院殿法岸秀蓮大姉である。現在もここに墓所がある。

　ところで、その大乗院の葬儀には佐竹義宣も列席した可能性がある。義宣が伏見を出発したのは慶長七年七月二十

長禄寺

大乗院の墓
東日本大震災で石塔などが倒壊している。

九日で、江戸到着が八月十日。江戸で徳川秀忠に謁見して、母親であり大乗院の妹でもある宝寿院を人質に差し出すなど、出羽国転封への対応に日時を費やして、江戸を出発したのが八月二十三日。そして須賀川に着いたのは八月二十七日頃であったらしい。義宣は須賀川に約九日間も逗留している。これほどの長期間須賀川に滞在した目的は、常陸国の状況と出羽国の内情の把握であったとされているが、大乗院の見舞いあるいは葬儀もあったのではないかと考えられる。

秋田での岩瀬御台、その最期

大乗院を須賀川の長禄寺に埋葬した岩瀬御台は、後ろ髪を引かれながらもまた北上の旅を始めた。天正十七（一五八九）年十月二十六日の須賀川城落城から始まった大乗院と二人連れでの流浪の旅も、今度は佐竹義宣の側室として、一人で続けることになった。もちろん、付き人や他の上臈衆も周りにいたではあろうが、自分を支えてくれた伯母であり養母でもあった大乗院を失った心細さは如何ばかりであったろうか。このとき、岩瀬御台は十八歳であったと伝えられている。

義宣が出羽国に入り、入れ替わるように安東秋田氏が常陸国宍戸へ国替えになった後の土崎湊城《つちざきみなとじょう》に着いたのは慶長七（一六〇二）年九月十七日であった。恐らく岩瀬御台も共に湊城に入ったのであろう。ところが湊城は佐竹氏にとっては手狭であったために、義宣はすぐに新しく城を築くことにした。その建設地として寺内山と保戸野村山（神明山《しんめいやま》）の二カ所が候補として挙がり、仁別川《にべつ》（旭川）を西へ移すことを前提として神明山に築城することが決定した。

ところで、神明山のある場所は、元は秋田安東氏の所領で、川尻村、楢山村、保戸野村、手形村の村落が散在している農村地帯であった。義宣は、ここに城を築くに当たって新しい名前をつけることとし、地名を窪田《くぼた》として城は窪田城と呼ぶことにした。

その理由は、神明山のある川尻村がこの辺りで最も大きな村落だったのだが、川尻郷とか窪田郷と呼ばれていて、後の城下町の範囲とほぼ一致することからであったようだ。だが、これには別の説もあって、この城の普請奉行の梶原政景が、常陸の小田城の次に城主となった岩城の窪田城の名前を取ったとも、義宣が天正十六年の郡山合戦の際、奥州窪田で伊達政宗に勝ったことを思い出して、その記念に名付けたとも言われている。

それはともかく、新しい城は慶長九年八月二十八日に竣工し、義宣は直ちに土崎湊城を破壊して窪田城と名付けた新城に入った。窪田が久保田と替えられたのは二代藩主義隆の時代で、寛永十（一六三三）年から正保二（一六四五）年までの間からであるらしい。

土崎湊城址（土崎神明社）

久保（窪）田城址（本丸跡）

ちなみに、秋田というのは秋田、檜山《ひやま》（山本）、豊島《としま》（河辺）の三郡を指し、仙北は山本（仙北）、平鹿《ひらか》、雄勝《おがち》の三郡を指し、あわせて秋田六郡となる。極めて曖昧であるが、秋田、窪田、久保田はほぼ同じことを意味していると思ってよい。また、文献上で言う出羽国と羽後国、秋田六郡、秋田藩、久保田藩も同様に同じ範囲を示していると思ってよいであろう。

ところで、岩瀬御台も義宣と共に新しい窪田城に移ったことであろう。しかし、何故か二十三歳頃（慶長十二年頃）に離縁され、横手城外の大沢に二百石の化粧料を賜って移り住んだ。その場所は、現在の横手市前郷にある浄光寺の辺りといわれている。この浄光寺のすぐ北には大乗院塚と呼ばれる場所があるが、あるいは岩瀬御台がこの地に住むようになってから、大乗院を偲んで設けたものであろうか。

では、なぜ岩瀬御台は二十三歳の若さで、しかも秋田に移ってわずか五年で、義宣に離縁されたのであろうか。その理由は判然としないが、『横手郷土史』に次のような文章がある。

「黒憩瑣語（筆者注・黒甜瑣語の間違いと思われる）によれば、義宣の妾は二人あつて、其の一人は岩瀬御臺で、一人は西の丸とて京都から來たものであるとして居る。此の西の丸といふは、恐らく切支丹信者であつたらうと思ふ。切支丹の記録の上には岩瀬御臺の事は見えぬが、然し其の一人でなかりしかとの想像がされぬでもない。卽ち御臺は切支丹に關係した爲めに、義宣も處分に窮して離縁したものでなからうかと思ふ。ビリヨンの切支丹鮮血遺書によれば、カルバリヨは蝦夷から秋田に歸つて見ると、數多の信者は洗禮を待受けてゐた。義宣の夫人を始め城中の貴族婦人に洗禮を受けるものがあつたが、義宣は之を許さなかつたとある。かうした有樣から見れば、御臺に對しても多少の疑なきを得ない譯である」

しかし、岩瀬御台がキリシタンであったという証拠は何も残されていない。また、同書には次のようにも書いてある。

「御臺は如何なる理由で離縁となつたものであらうか、こは三百年の謎であつて分らぬ。離縁後の待遇ぶりを見ても、どうも義宣は愛憎をつかし離別したものでない様に見える。或はいふにいはれぬ義理が然らしめたものかも知れぬ。伊豆園茶話に

岩瀬様御事は二階堂沒落に付將軍家へ對し御延引の旨にて御不縁となり、然れども御歸りなさるゝ御國もなき故横手に差置かる云々。

是れは二階堂の嫡女をして、家を興さしめる事をせず、己が側室としたといふ事に就いての遠慮かも知れぬ。一應さう想像されぬでもない」

どちらかといえば、後者の理由の方が納得できるように思われる。つまり義宣は、伯母であった大乗院とその養女岩瀬御台の、二階堂家を再興するという宿願を果たしてやれなかったことを悔いて、御台をせめて自由にしてやりたかったのではないだろうか。

もちろん、御台がキリシタンであった可能性も完全には否定できない。しかし、幕府から切支丹禁教令が全国に発布されたのが慶長十八（一六一三）年十二月のことで、御台離縁はそれより六年も前だから、義宣が如何にキリシタン嫌いであったとしても、その場合対応が厳しすぎる感は否めない。ましてや、化粧料として二百石を与えて、しかも殊更に横手という地を選んで住まわせたのだから、義宣の御台に対する愛惜の念は強かったと思われる。

では、なぜ岩瀬御台は横手に移されたのだろうか。その理由は容易に察しがつく。つまり、御台が横手に移り住んだとされる慶長十二（一六〇七）年当時の横手城代は叔父の伊達盛重であり、また副城代が須田盛秀であったためであろう。

特に、盛秀はかつて須賀川城の執政城代だったから、岩瀬御台が大乗院の養女として須賀川城に入った幼い頃、盛秀やその嫡男で伊達政宗に殺された美濃二郎（須田秀広）には城中で遊んでもらったこともあったであろう。彼らは大乗院と共に伊達政宗と戦った戦友でもあった。

また、盛秀は須賀川城落城の後に、やはり佐竹氏を頼って常陸国に落ち延び、文禄四（一五九五）年に茂木《もてぎ》城を預けられて、二階堂氏の旧臣である須賀川衆を中心に「茂木百騎」と呼ばれる強力な軍団を組織していた。その「茂木百騎」は、盛秀に従って横手に移り住んでいたのである。つまり、義宣は岩瀬御台を、彼女が幼い日々を共に過ごした懐かしい人々である須田盛秀と須賀川衆に預けたのであろう。御台の横手での生活について、『横手郷土史』には次のように書いてある。

「此の地に住まはれた三十餘年の月日は、いかに御臺に取つては淋しい生活であつたらうか。其の間の事蹟は殆ど傳へられてないのは不思議に堪へない。かくて寛永十六年（紀元二二九九年）夏頃病の床に就かれたが、是が此の世の最後となり、八月八日蟲の聲の細る秋の夜、果敢なくも草深い横手の里に消えてしまつた。ときに年五十五歳。

遺骸は須田美濃の寺、天仙寺に移され、横手給人は晝夜御番を勤めた。（中略）天仙寺河原で葬式を營んだ。法名は

昌壽院殿光圓正瑞大姉

今天仙寺境内の北側、老杉風に咽ぶ其の下に、小い苔むした石碑、それは岩瀬御臺の此の世に於ける形見である」

また、後日談になるが、須田盛品が寛文十二（一六七二）年に横手城代を解かれたため、須田氏一族は翌延宝元（一六七三）年に久保田城下に移った。須賀川衆も、須田氏と行を共にして久保田に移転する者、あるいは横手に留まる者、様々であったろう。そのときのことについて『横手郷土史』は次のように記している。

「延寳元年、（紀元二三三三年）須田主膳は久保田に移居したので、諸士は散り〳〵に菩提所を求めたが、其の時須賀川衆は、天仙寺義貞和尚に語らひ、岩瀬御臺追善の一宇建立致したき旨を述べた。仍つて和尚は前郷村春光庵は、小野寺春光の建てた由緒ある庵であるから、之を寺にしてはと勧めた。因って須賀川衆は其の庵を裏町に移し、昌壽院殿を開祖として春光寺と改めた。従つて御臺の位牌は、其の時から春光

天仙寺

岩瀬御台の墓
中に小さい墓石がある。

寺に移された」
　現在の地名で言うと、蛇の崎橋を渡ってすぐの横手市本町が須賀川衆（「茂木百騎」）の住んでいた横手内町で、その西側の二葉町に須田氏の菩提所である天仙寺と春光寺が並んで建っている。
　天仙寺の墓地の北隅に、覆い堂に被われた岩瀬御台の墓が建っている。その御台の墓の前には、須田一族の墓が御台を守るように並んでいるのが印象的であった。
　また、天仙寺山門の脇には「岩瀬御台墓所」の石碑が建っている。この碑は、須賀川市二階堂史跡保存会が平成五年四月に建てたもので、裏に次のような一文が彫ってあった。
「須賀川城落ち　影はなく
　雪深き羽後に遁れて
　嗚呼　四百年の星霜
二階堂家のみたまよ

春光寺

岩瀬御台墓所の碑（天仙寺）

須賀川衆のみたまたちよ
疾く帰れ　須賀川の山河に」

伊達盛重の最期とその墓

手を伸ばせば届きそうな距離に思えた。抜刀し、馬上から軍勢に前進を命じて、左側の大和川の方を振り向いた伊達三河守盛重の目に、川に浮かぶ豊臣方の軍船から一人の雑兵が構える火縄銃の筒先が自分に狙いを定めているのが見えた。

一呼吸か二呼吸あっただろうか。身を隠す物蔭とてない土手の上である。盛重は急いで土手道の反対側に馬を駆け下りさせようとした。その刹那、左の脇腹にガツンという焼けるような衝撃を受け、そのまま、もんどりうって馬から転げ落ちた。

その間、わずかの時間しか経っていないはずなのだが、盛重にはとてつもなく長いときが経過したように感じられた。

「やられた」

不思議と痛みは感じないが、甲冑が重いためか身体を起こすことができない。

「殿！　どこを撃たれ申した」

盛重の後に続いていた従臣たちが、馬を下りて駆け寄ってきて、彼を抱き起こした。

盛重は何か言おうとしたが言葉が出ない。

「殿、しっかりなさいませ」

「殿、殿……」

すぐ側で誰かが叫んでいる。その声には聞き覚えがあった。

「そなたは実綱ではないか。なぜここに居るのじゃ」

「お久しゅうございます。古内実綱でございます。ほれ、こちらには小四郎もおりますぞ」

「おお、小四郎か。大きくなったのお。しかし、顔がよく見えない。もそっと近う寄れ」

と言ったと思った直後、盛重は夢から醒めた。


「父上、気がつかれましたか」

ゆっくり目を開けると、そこには盛重の肩に手をかけて、心配気に顔を覗き込んでいる宣宗《のぶむね》がいた。

「傷が痛みまするか。大分うなされておいででしたが。寝汗もかいておられます、誰ぞにお召し替えさせましょう」

「おお、左門殿であったか。なに、大過ない。傷口は痛まぬが、時折ひどく腹が痛んでのう。また、あの今福のいくさの夢を見ておったわ。不思議なことに、二十年も前に松森城で別れた古内実綱と小四郎も夢に出て来た。実綱は、先年亡くなったと聞いていたが、わしにもそろそろお迎えが来たのかのう」

宣宗は、盛重の肩に置いていた手を離し、ゆっくりと身体を起こしながら言った。

「何を気弱なことを仰せられます。今日は大分蒸しましたので寝苦しかったのでございましょう」

「そうだな……。おお、もう夕刻か」

ここは横手城、別名朝倉城二の丸の伊達盛重の寝所である。開け放った広縁越しに、夕間暮れのたなびく靄が望まれた。

ときは慶長二十（一六一五）年閏六月、梅雨の季節でも乾燥していることが多い出羽国ではあったが、内陸で南に位置する横手はさすがに雨がちになる。今日も雲が低く垂れ込めた蒸し暑い一日であった。

伊達三河守盛重はこの年六十二歳。慶長七（一六〇二）年に佐竹氏が常陸国から出羽国に国替えになった直後から、横手城の城代として秋田窪田藩の南の要衝を守備するという重責を担っていた。そして、慶長十九年十月に始まる大坂冬の陣には、佐竹軍の先鋒の大将として出征した。

激戦の一つとされる十一月二十六日の今福合戦では、先陣の渋江内膳政光隊が大将の政光が討ち死にするなどして敗走した後詰として、豊臣方の木村重成、後藤又兵衛基次隊と激しい戦闘を交えた。戦闘は一時膠着状態となったが、鴫野《しぎの》方面から上杉景勝軍が挟撃して、佐竹軍は豊臣方を大坂城まで押し戻した。その激戦のさなか、国分氏伝来の小桜縅の大鎧写しの甲冑を纏って前線で指揮していた盛重は、敵の雑兵に狙撃されて負傷したのであった。

当初は軽い傷と思われたが、横手城に戻ってからは、屈強な盛重もその傷が元で臥せがちになってしまったのである。

慶長二十（一六一五）年は七月十三日をもって改元されて元和元年となった。徳川家康が征夷大将軍に任じられて江戸に幕府を開き、もはや武力によって世の中を変える時代は終わりを告げ、太平の世になったことを改元で日本国中に示したのである。

その二日後の元和元年七月十五日（西暦一六一五年九月七日）、武人として戦国乱世を駆け抜けた伊達三河守盛重が横手城で亡くなった。享年六十三歳。戒名は良雄道智大禅定門である。

ところで、盛重の葬儀はどこでどのように行われたのであろうか。また、墓はどこにあるのであろうか。そして菩提寺はどこで、位牌はどこにあるのだろうか。

「はじめに」のところで既に触れているのだが、実は盛重には墓も、位牌も、画像も、遺物すらもないのである。紫桃正隆氏がその著書『みやぎの戦国時代　合戦と群雄』の中で、「墓所は同所（横手市）大義山正平寺にある」と書いておられるので、私は初めて横手に行った際に、真っ先に正平寺を訪れた。

いやしくも横手城代の墓ならば、さぞかし大きくて立派な物であろうと期待して、小雨の降るなか、古い墓の並んでいる方から一つずつ探しながら人気のない広い墓地の中を歩いた。しかし、墓地の端から端まで探してみたが、結局盛重の墓はおろか、それらしき痕跡は何も見つからなかった。やむを得ず、私はお寺の庫裡を訪ねて、出てこられた女性にお尋ねしてみた。

「横手城の初代城代だった伊達盛重という方のお墓がこちらにあるということを本で読んだのですが、どの辺にあるのでしょうか」

正平寺
山門は朱色の門である。

しかし、その女性のご返事はにべもないものだった。

「さあ、聞いたこともありませんね」

で、結局、正平寺には盛重の墓はないということだけは分かった。

では、紫桃正隆氏の「墓所は同所大義山正平寺にある」という確信に満ちた文章の根拠はどこにあったのだろうか。直接お聞きしたかったのだが、残念ながら紫桃氏は平成二十年十二月八日に亡くなってしまっていた。実は、紫桃氏が出典として用いたのは『仙台人名大辞典』であるということを、後日他の文献で知った。では、その『仙台人名大辞典』は元々何を出典としていたのだろうか。是非とも知りたいところではある。


また、伊達氏が秋田に移ってからの菩提寺である、秋田市手形山の白馬寺に盛重の墓があるという説もあった。出典は『秋田人名大辞典（第二版）』。この寺は元来佐竹東氏の菩提寺である。盛重の養嗣子になった左門宣宗が東義久の三男だったことは繰り返し述べている。その縁からだろうか、伊達氏が久保田に移り住んだ後の菩提寺にもなっている。しかし、伊達氏が久保田城下に移ったのは三代隆宗以降で、二代宣宗の墓（左門塚）は横手市大森の一心寺の近くにあるから、初代盛重の墓だけが秋田にあるとは考えにくい。私も白馬寺を訪ねてみたが、やはりこの寺には墓はないことを確認しただけだった。

白馬寺

また、仙台市若林区の連坊小路にある福現山保寿寺は、国分氏代々の霊牌所で、かつては国分宗政から盛重とその夫人までの位牌があったと言われている。しかし、明治以降この寺には災難が続く。明治二十年十二月十五日に東北本線の上野、仙台間が開通したのだが、その線路が保寿寺の敷地を通ることになって、明治十九年に墓地の一部を割譲させられた。更に、明治三十五年二月十六日、火災により「保寿寺焼亡」(『仙臺市史』)し、本尊の聖観音をはじめ、国分氏代々の位牌も焼失してしまったという。また東北新幹線開通に際しても、昭和五十三年に境内の一部を削られている。鉄道の開通によって敷地が削除されたのは、寺が建っている場所が悪かったというしかないのだろうが、火災によって寺宝が失われたのは誠に残念であった。保寿寺は現在も同地に建っているが、墓地もみな新しく整備されてしまっている。

保寿寺

では、盛重の墓は本当にどこにあるのだろうか。以下に述べるのは、あくまでも私の推測である。

元和元(一六一五)年当時の横手の状況から考えて、横手以外の場所に墓があるとは考えにくい。まず、盛重が横手城内で亡くなったのは、ほぼ間違いのないところであろう。では葬儀はどこで行われたのだろうか。横手城代といえば、横手を中心にした平鹿郡の領主と同義であった。とすれば、葬儀はその辺りで最も格式の高い寺院で行われたと考えてよいであろう。恐らく藩主佐竹義宣本人か、不在であれば代理に佐竹一門の者が列席したであろうし、佐竹一門他の引渡衆も列席したであろう。そのように規模の大きな葬儀が営まれたとすると、その場所は格式の高い正平寺以外には考えられない。

その理由としては、以下の事実をみればよいであろう。まず、佐竹氏が秋田に国替えになる前、横手城主だったのは三万石を領する戦国大名小野寺遠江守義道で、その小野寺氏の菩提寺が正平寺であった。盛重が亡くなった元和元年は、小野寺氏が関ヶ原の合戦に際して西軍に与したために改易されてまだ十四年しか経っておらず、正平寺はなお権勢を保っていたと考えられる。つまり、この寺はその当時の横手で最も格式の高い寺院であったと言えよう。

また、盛重死後の元和八（一六二二）年に、徳川幕府の重臣で宇都宮藩十五万五千石の藩主だった本多上野介正純、出羽守正勝父子が、「宇都宮釣天井事件」などを理由に改易されて、その身柄は罪人として佐竹義宣に預けられた。そして、義宣が二人の配流先として選んだのが横手であった。

寛永七（一六三〇）年五月十日、子息の正勝が病のために横手で亡くなった。三十五歳であった。戒名は傑叟院殿雄山英公大居士という流人とは思えない大名並みの立派なものであった。ここに、本多氏への佐竹家の配慮が窺えよう。そして、その葬儀が行われたのが正平寺で、義宣は佐竹一族の佐竹治郎右衛門を代理に立てて焼香させた。導師は窪田の正洞院（義宣の正室の菩提寺）の僧侶で、そこにも佐竹家の特別な配慮を見ることができる。

正勝の死から七年後の寛永十四年二月二十九日に父親の正純が逝去した。享年七十三歳。戒名は慧光院殿鐵顔宗智大居士という、佐竹家の尊敬の念のこもったものだった。閏三月一日にやはり正平寺で葬儀が行われ、佐竹主計が二代藩主義隆の代香を務めた。また、このときの導師は、久保田の鱗勝院の僧侶であった。義峰山鱗勝院は、佐竹氏の重臣となっている「引渡二番座」の宇都宮氏の菩提寺である。この宇都宮氏は、元宇都宮藩主宇都宮国綱の弟宇都宮宗安から起こっていた。宇都宮藩は、慶長二（一五九七）年に宇都宮氏が改易され、蒲生氏、奥平氏を経て、元和五（一六一九）年に本多正純が小山藩三万三千石から加増入封したという経緯があった。そのような関係からであろうか、正純の葬儀の導師として選ばれたのが、宇都宮氏の菩提寺鱗勝院の僧侶であった。

宇都宮城

本多上野介父子の墓（上野台）

　そして二人が葬られているのが、横手城のある朝倉山南麓の「上野台《こうずけだい》」と呼ばれている、清水沢（千手沢）から少し上がった台地である。このあたりの事情について、『横手郷土史』は次のように記している。

「古記録に「正平寺え葬」また「御遺骸正平寺え御葬送」など見えるから、本多父子の墳墓は正平寺に有りと思うて居る人もあるが、然らず。この葬また御葬送とは葬式を執行したるのみを意味する

にて、骨を墳墓に埋めたるまでを意味したのではないと思ふ。寛政中正平寺から藩主に提出した記録に、

一　右御兩所（正純父子）御位牌有之候
一　當地上野臺と申所に御塚有之と申傳候
一　御石碑之儀は年來の事故無御座候

と見えるから、正平寺に無かつたのは慥《たしか》である。若し初め墳墓が有つたならば、位牌の有るにそれのみ無くなる筈がない」

では、伊達盛重の場合はどうだったのであろうか。墓や位牌が残されていないということは先に触れている。そして、その事情は葬儀についても然りである。盛重の墓や位牌がないことが、伊達氏に怨恨を抱いていたであろう副城代須田盛秀や須賀川衆によって意図的になされたのではないかという疑いは残されるが、そのようなことを示す文書などの証拠がある訳ではない。ただ、盛秀を始祖とする須田氏一族の墓が、その菩提寺天仙寺に残っているのを見ると、城代だった伊達氏の痕跡が横手に全く残っていないのは不思議と言わざるを得ない。また、度々引用している『横手郷土史』にも、何故か盛重の最期についての記載は見られない。しかし、かえってそのことによって盛重の神秘性が高まって、想像力を働かせる余地が生じてもいると考えたいと思う。

話を元に戻す。だから、横手城代伊達盛重の葬儀は、本多父子の葬儀と同様に正平寺で行われたと考えて差し支えないであろう。むしろ時間的な前後関係から言えば、盛重の葬儀に倣って、本多父子の葬儀が正平寺で行われたのだと思われる。ただし、葬儀を取り仕切る導師は、本多正勝のときには

正洞院から、正純のときには鱗勝院から呼び寄せた僧侶であった。これは、墓所を正平寺以外の場所に設ける都合上、単に葬儀の場として格式の高い正平寺を借りたということなのであろう。そして、墓所が他の寺院であれば位牌もその寺に安置されるのだろうが、本多父子の墓は寺の墓地ではない場所に設けたために、位牌のみ正平寺で預かることになったのであろう。だから、正平寺が本多父子の菩提寺という訳ではないと思われる。

では、盛重の場合、導師はどこの寺院が務めたのであろうか。それが、墓と位牌の行方を探る鍵にもなると考えられる。

整理すると、盛重の場合、葬儀が正平寺で行われたのはほぼ間違いがないと思われる。だが、墓も位牌も正平寺にはない。とすると、その葬儀を執り行った導師の寺にあるか、あるいは喪主を務めたであろう宣宗が別に菩提寺を設けて、そこに位牌を安置して墓も建てたか、であろう。

私は、葬儀の導師を務めたのは佐竹東氏の菩提寺である久保田の白馬寺の僧侶であった可能性が最も高いと考えている。だが、盛重の葬儀の当時、後に「上野台」と呼ばれることになる朝倉山南麓の台地に屋敷を構えていた宣宗は、新たな伊達家当主として横手城代を継いで行くつもりでいたはずだし、実権は副城代の須田盛秀が握ってしまったようなのだが、実際に藩主佐竹義宣によって第二代城代に任じられた。また、宣宗は「嶋崎給人指南」も盛重から引き継いでいる。とすると、宣宗は菩提寺を横手にある寺に決めて、そこに墓を建てて、位牌を安置したのではないだろうか。では、その寺はどこであったろうか。

それが、葬儀を行った正平寺ということであれば問題はなかったのであろうが、この寺は旧領主小野寺氏の菩提寺であったから、改めて伊達氏の菩提寺とするという提案は、恐らく寺の方から断られたのではないだろうか。また、正平寺は横手川の外、つまり横手外町にある。それに対して、盛重に従ってきた直属の家臣団である嶋崎給人の住む町は、横手城のある朝倉山南麓の上内町（嶋崎町）にあった。須田氏の菩提寺である天仙寺が、須賀川衆の住む下内町の裏町に建てられたことを考えると、家格から言っても、天仙寺よりも城に近く、しかも嶋崎町に近くて参詣しやすい寺を菩提寺にしたと考えられる。

　そのような条件に合う寺院はないだろうかと、私は朝倉山から嶋崎町（現在の羽黒町、上内町）あたりを、地図を片手に歩いてみた。実は、現在このあたりにある寺は、上内町の桃雲寺だけである。しかし、この寺は嶋崎町から見て横手城とは反対の南側にあるし、搦手城代の向宣政が下野国から移した向氏の菩提寺であったから、その可能性は低いと思った。そうは思ったが、一応墓地を歩いてみた。さほど広くない墓地で、古い墓も少なからずあったが、碑面が荒れてしまっている墓が多く、読めてもほとんど江

嶋崎町

桃雲寺

戸時代中期以降のものであった。もちろん、盛重に関わるような痕跡は見られなかった。

次に私は廃寺に注目してみた。『日本歴史地名大系』（平凡社）によると、寛文九（一六六九）年の横手絵図面に載っている横手城下の寺院で、条件に合うものは「嶋崎町小路の横手川河畔に光明院、清水沢に千手院、下根岸町北西端に東覚院・宝光院」の四寺院であった。これらの寺が具体的にどこにあったのか、そしていつなくなったのかは記載されていないが、この中で、現在もその名前を地名に残している寺院があった。それが、千手院である。朝倉山の南麓を下りると沢に出る。この沢は横手川に注いでいて清水沢と呼ばれているが、別名千手沢とも言われているのである。現在の地名で言うと城南町になるが、途中に清水沢橋という小さな橋がかかっている。その南側は山になっていて、沢之神神社があるが、どうもそのあたりに千手院があったのではないかと思われる。もし宣宗が、その千手院を伊達氏の菩提寺として盛重の位牌を納めて墓を建てたとすると、それは「上野台」にあった宣宗の屋敷の目の前であり、嶋崎町の家臣が城の行き帰りに、盛重の墓に参るのも非常にたやすいことであった。また後年宣宗が失脚すると、宣宗と妻子は「上野台」の屋敷を引き払って板井田町水沢に移り住むのだが、第三代城代になった須田盛秀によって、宣宗の屋敷は破却されてしまったのだろう。そして、その跡地に本多正純、正勝父子の墓が建てられて、初めて「上野台」と呼ばれるようになったと考えると、すべて辻褄が合うのである。なお、その後の千手院は、伊達氏の後ろ盾を失って急速に衰退し、遠からず廃寺となってしまったのではないだろうか。

結論は単純なのだが、伊達盛重の墓と位牌は千手院に置かれたと考えて良いのではないかと思われる。それが、宣宗の失脚で伊達氏の影響力が低下して、あるいは須田氏の関与があったのかもしれないが、千手院も廃寺になり、更に三代隆宗以降の久保田移住によって、伊達氏の菩提寺が白馬寺に移されて、いつしか盛重の墓も位牌も千手院跡と共に土に帰ってしまったのではないだろうか。

以上のように推理してみたのだが、全く見当はずれだったかもしれない。何となく、「わしの墓は千手院などにはない。もっとよく探せ」という盛重の声が聞こえて来そうである。

盛重の長男実栄と次男宥実

前に、秋田久保田藩伊達氏系図を基にして、伊達盛重の子供たちについて何度か触れてきた。

このうち実子は次のようであった。第一子は長女で、古内主膳実綱に嫁ぎ、弟の小四郎（後の主膳重広）を養育して古内氏の後嗣としたが、実子義実をも生んでいる。第二子実永と第三子宥実は僧となった。第四子と第五子は女性で、それぞれ八幡兵庫景廉と餘目治郎左衛門宗家の室となったことについては既に述べた。第六子が小四郎で、これも既に詳しく述べている。

この久保田藩伊達氏系図によれば、盛重の正妻は伊達左衛門宗清の娘になっている。この伊達宗清というのが、慶長五（一六〇〇）年に伊達政宗の三男として生まれて、慶長九年に飯坂宗康の養嗣子となり、後に再度伊達姓を賜って黒川郡吉岡三万八千石の領主となった人物と同一人物だとすると、盛重とは時代が違いすぎる。しかも宗清は実子に恵まれず、桑折《こおり》重長の子供定長を養子としているから、その宗清に娘がいて、それが盛重の正妻になったはずはない。だから、系図の上ではこの子供たちの母親は妾（国分家臣沢口金内の女）となっている。その可能性はあながち否定はできないが、一般的に盛重は国分盛廉《もりかど》の娘に配されて国分氏の後嗣になったと理解されているし、時代的にも子供たちの母親は正妻（国分盛廉の娘）であったと考えて差し支えないであろう。

それらの子供のうち、第二子実永と第三子宥実について、久保田藩伊達氏系図に基づいて、以下に述べてみよう。

第二子実永は、天正十五（一五八七）年に生まれて、幼名は仁徳丸といった。盛重の嫡男で、何事もなければ国分氏の後嗣となったはずの人物であった。実永が生まれたとき、盛重は三十四歳になっていた。文禄五（一五九六）年の松森城の合戦後、「政宗公留仁徳丸於奥州後為僧」、つまり政宗が僧にしたという。初めに真言宗定禅寺《じょうぜんじ》の十二世住持となり、玄性房舜済と号して、権大僧都法印に任じられた。僧になって、初めから伊達氏の一門格の寺院定禅寺の住持にされ、法印に叙せられたというのだが、実永はまだ九歳の子供であった。敗軍の将の子供が殺されずに済んだだけでも、相手が政宗であってみれば奇跡的なことだったのに、法印という最高の僧位を与えられている。これも不思議

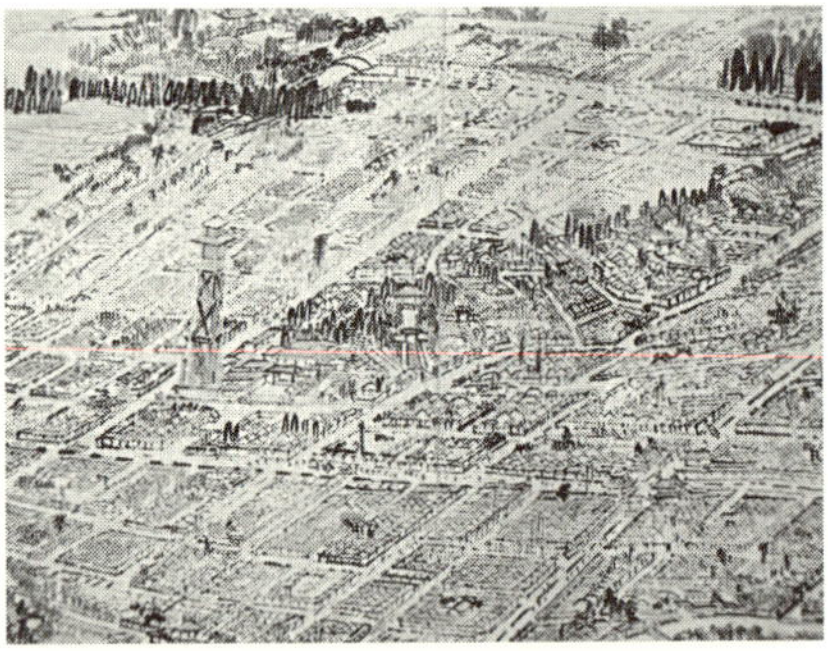
定禅寺（中央／「明治元年現状仙台城市之図」）

龍宝寺

なことであろう。政宗の、国分氏と盛重に対する何やら特別な配慮と言わざるを得ない。その理由については後述する。

実永は、後に覚性院を創立して開基となり、そのときに実永と改名した。また、その後、龍宝寺の十五世の住侶となったのだが、この龍宝寺は大崎八幡宮の別当であり、やはり伊達氏一門格の寺院であった。実永は、この龍宝寺で明暦元（一六五五）年四月二十八日に死去した。享年六十九歳であった。第三子宥実は、天正十六（一五八八）年生まれで、幼名を右衛門と称した。「与実永同留居于奥州」つまり、実永と同様に、政宗によって奥州に留められた。そして、仙台の「北山五山」の中心寺院で、やはり伊達氏一門格の臨済宗東昌寺で僧となって、宮内郷あるいは民部郷俊刷と号した。その後、名取郡神宮寺あるいは刈田郡宮の蓮蔵寺で真言宗に改宗して、覚順房あるいは正順房宥実と号した。元和元（一六一五）年には、上洛して権大僧都法印に任じられた。

理由は不明だが、寛永元（一六二四）年、羽州最上郡五百川の東永寺に下向し、更に寛永二十（一六四三）年に寒河江の熊建山《ゆうごんざん》平塩《へいえん》寺《じ》の住持となった。宥実は、寛文

東昌寺

平塩寺

二（一六六二）年十一月十三日に、この平塩寺で亡くなった。享年七十五歳であった。実は、その四年前の万治元年七月十二日に、宥実の弟で伊達盛重の末子古内主膳重広が、主君伊達忠宗の死に殉じていた。だから、宥実の死によって、盛重の実子はすべて亡くなったことになった。

私は、平塩寺で歴代住持の御位牌を拝見させていただいた。筆頭が「開山初祖　法印勝覚」で、二番目に「中興第一世法印宥實　寛文二寅年十一月十三日寂」と記されてあった。

宥実が法印に叙された元和元年に、実父の盛重が横手城で亡くなっている。もし盛重が、自分の子供たちのそれぞれの道での精進振りを生前耳にしていたら、さぞかし嬉しく思い、肩の荷を降ろしたことであろう。

左門宣宗と秋田の伊達氏のその後

伊達盛重の養嗣子となった左門宣宗はその後どうなったのであろうか。

「久保田藩伊達氏系図」の記載を解釈しながら、宣宗の履歴について以下に述べてみよう。

宣宗は、「五郎、左門、常州東館において文禄三甲午（一五九四）年に生まれた。実は佐竹東中務大輔源義久の第三子であるが、盛重がこれを養って嗣子とした。母は、小野崎山能《やまのう》山城守藤原義政の女である」

この辺りの事については既に幾度か述べている。ただ、母親については初めて出て来たのだが、その父親の小野崎（山能）義政というのは義昌の誤りであろう。この義昌は、天正十三（一五八五）年十一月十七日の仙道人取橋の合戦の際に、佐竹義重の名代として連合軍の総大将を務め、もう数刻の時間があれば、伊達政宗の息の根を止めることもできそうな戦況だったのだが、日没のために休戦となり、決戦を翌日に控えた夜の間に些細なことで家臣に殺されて、結果的にはその後の仙道筋に、政宗が勢力を伸ばすきっかけを作ってしまった武将である。

「慶長十三戊申（一六〇八）年六月十七日、義宣公に拝謁して諱字を賜って宣宗と称した」

つまり、十四歳で元服したということになるのだが、烏帽子親《えぼしおや》は、家格からすると、横手の南隣の湯沢城城代に任じられていた佐竹南左衛門尉義種ではなかっただろうか。後にこの南義種の娘が宣宗の正室になる。宣宗が元服したこの年、盛重は五十五歳であった。この宣宗の元服によって、秋田の伊達氏の継承は確実になったと言えよう。

「同二十（一六一五）年改元して元和乙卯、大坂再乱し、四月公に従って出陣した」

大坂夏の陣のことである。この前年十一月の冬の陣には盛重が出陣して、最大の激戦であった今福の合戦で佐竹軍の先鋒の大将を務めたことは既に触れている。盛重は恐らくその戦闘で負傷し、それが元になって病の床についてしまい、夏の陣には出陣できかねたのだと思われる。そのために、二十一歳になった宣宗が父盛重の名代として義宣に従って出陣したのであろう。

「同年、公は襲を命じ、又平鹿郡の事を掌らせた。且つ嶋崎の士庶を指南させた。七月九日今泉村、別名村に於いて旧の如く印章を賜り、千余石を以って食禄と為した」

この記事中の別名村というのは、別明村の誤りと思われる。今泉村と別明村は、他の三村と明治九（一八七六）年に合併して睦合村となった。この睦合村は平鹿郡南部の雄物川沿いにある村で、伊達盛重はそこに二村、千余石の知行を得ていたのであろう。「旧の如く印章を賜」ったというのは、その知行を安堵されて、朱印状あるいは黒印状を義宣から受けたということである。つまり、宣宗が伊達氏を正式に継承したことになる。更に「平鹿郡の事を掌」ったということは、横手城の第二代城代に任命されて、平鹿郡の執政に任じられたということであり、「嶋崎の士庶を指南させた」とは嶋崎給人（嶋崎組下）を率いることを許されたということであろう。

問題は、「七月九日」という日付が意味することである。盛重が死去するのが七月十五日であるから、これらの家督相続の手続きは、盛重がまだ生きている間に行われて、その死の六日前には完了したということになる。このことから見えてくるのは、盛重がかなり前から回復が不可能なほど衰弱して、誰の目にも死期が迫っていたのであろうということである。だから、盛重の死は、少なくとも脳卒中や心筋梗塞のような突然の疾病によるものではなく、長期間の療養の末の出来事だったということを示唆していると言えよう。この経緯からも、盛重は大坂冬の陣で致命的な傷を負っていたと考えられるのであるが、不思議なことにそのような記録は残されていない。

「元和八（一六二二）年壬戌八月四日、故有って所領を没収される。寛永九（一六三二）年壬申四月二日卒三十九歳。法名玉翁宗白、仙北板井田郷水沢村に葬られる。諡《おくりな》は恭節府君である」

第二代横手城代であった伊達左門宣宗が、「故有って」その所領千余石を没収された、と書かれている。この「伊達氏系図」にはそれ以上のことは記されていない。では、その「故」とは何だったのであろうか。

私は先に、宣宗の失脚の原因を「大眼宗《だいがんしゅう》事件に対する対応がまずかった」から、と簡単に述べた。

一方でこの失脚事件は、伊達氏に対して積年の恨みを抱いていたであろう副城代須田盛秀の謀略によるとも考えられる。ここでは、その可能性をも考慮しながら、大眼宗事件について『横手郷土史』（昭和八年）を引用しながら考察してみよう。

「一體大眼宗とは如何なる宗旨か、是は今日明瞭に分らないが、大體から見て切支丹の變形ではないかと思ふ。我藩に於ては、大眼宗を切支丹と同様に取扱つた事は、前記録に徴するも明かな事實である。當時切支丹は到る處嚴重なる禁遏《きんあつ》に會ひ、大地の上殆ど其存在の餘地を與へない様になつた爲に、彼等は切支丹をさまぐ〵に紛らして形をかへ、其生命を失はざらんとした形迹は往々に見えた」

そして、「けれどもパジエスの基督敎史には、大ガン宗は日月を崇拝する宗旨で、京阪地方より始まり、盛に鑛夫の間に弘がつたもので、秋田地方には殊に盛に流布した爲めに、藩では之を嚴禁したとある。右の大眼宗事件に際して切支丹信徒は、『その宗派の中に、二人の切支丹信徒も加はつてゐた爲め、切支丹は之と同類と誤られ、これが爲め切支丹信徒も迫害の厄に遭ふことになつた』と、云つて居り、又當時秋田に居たカルバリヨは、切支丹信徒に對して、己等は大眼宗に關係ないものであることについて、辯解の方法を敎へた趣が記されてある」

つまり、大眼宗とは京阪地方から始まり、鉱夫の間に広まった太陽と月を崇拝する宗教で、なぜか秋田地方で、それも平鹿郡で盛んになったため、久保田藩はその信仰を禁じた。ところが、その信徒の中にキリスト教徒が二人加わっていたために、キリスト教徒も同類と思われて迫害されたと言う。

では、この大眼宗事件のために、なぜ横手城代の宣宗が改易という処分を受けることになったのだろうか。

「元和八年仙臺から巖中といふもの、仙北稲庭邊《いなにわ》に來つて徘徊し、大眼宗を弘めて居る風聞があったので、梅津半右衛門禁制の下知をなしたが、巖中は還俗して伊達左門（横手）知行所、今泉村へ後家入して、名を七左衛門と改め、益々大眼宗を弘めた。又稲庭村源兵衛といふものも、巖中の門弟として大に其道のために活動し、近村のもの悉く之れに服した。

横手城代（筆者注・副城代）須田盛秀之を城中に呼ばしめたが、源兵衛は忽ち逐電してしまつた。因つて盛秀は伊達左門に告げて、七左衛門を呼ばしめた。左門は之を我が宅内に搦捕つたが、七左衛門の門徒五六人、左門の宅を襲ひ、七左衛門を奪ひ取つたので、左門の家從三人相争つて傷を被り、高橋隼人といふもの、門徒のために斬殺され、信太信左衛門も傷を受けた。そこへ根岸の士共馳せ來り、門徒四人を殺した。此時吉間三郎、川會想内も亦傷を受けた。

かくする内、門徒次第に來り加はり、數十人となつたので、横手の士共之と戰ひ、悉く之を召捕り、横手城外安田原に於て磔刑又は斬罪に處した」

巌中は、この大眼宗の教祖あるいは高位の指導者であったらしい。仙台から来たということで、後藤寿庵と同一視する文献もあるが、本当にそうなのか確認はされていない。巌中は稲庭で布教をしていたが、久保田藩が禁教したために、還俗して七左衛門と名乗り、宣宗の知行地の今泉村に潜入してしまった。そこでもまた布教活動を続けたため、宣宗は今泉村でこの男を捕まえて、横手城のある朝倉山南麓にあった自分の屋敷に監禁した。ところが大眼宗の門徒数人が、宣宗の屋敷を襲って巌中を奪い返し、その際に宣宗の家臣三人が殺傷された。この騒ぎを聞きつけた「根岸の士共」が駆けつけて、門徒四人を殺したが、門徒の数が数十人にも増えたので、それらをすべて捕まえて、横手城外安田原という所で磔刑や斬罪に処したというのである。ただ、肝心の巌中は捕り逃がしてしまった。ちなみに、ここに出て来た「根岸の士共」というのは、須田盛秀配下の茂木百騎や須賀川衆の侍のことであろう。

「須田盛秀は横手の大眼宗信徒に對して、藩廳の指圖も待たず、又此手段を取らずして、直ちに極刑に處した爲に、義宣公は其處置に憤慨したものであらうと思ふ」

つまり盛秀は、大眼宗の信徒に対する処分方針を藩に問い合わせる手続きを取らずに、勝手に極刑に処してしまったのである。これはどう解釈しても副城代盛秀の越権行為であろう。当然、藩主義宣は憤慨した。憤慨した結果、城代の宣宗が責任を取らされた。

「此の結果左門は改易を仰付けられた。其の理由とも見るべきは、義宣公御傳記元和八年八月の條に、

伊達左門宣宗、當年春大眼宗旨のもの屋敷より奪ひ取られ、諸士驅集て死傷に及ぶ處に、其身當人として出合はざる條奇怪たるの間、所領を没入せらるる云々、

多分捕損じた事と右の事情とは、左門の禍となつた事であらう。左門は後平鹿郡川西村に移り、此土地で歿した樣である。須田盛秀は門徒等を捕へ籠舍せしめ、以聞して差圖を受くべきに、其事なくして直に磔刑に處したのは、不都合であるとして、藩公から痛く譴責を受けた。百姓を多く殺した事については、義宣公は餘程氣にかけたものと見えて、梅津憲忠に數回書を贈つて此事を繰返して居る」

大眼宗信徒の捕縛の際に、宣宗がその場に居合わせなかったということが改易処分の理由になって

いるのだが、あまりにも重い処罰と言わざるを得ない。これに対して、いかに高齢とはいえ須田盛秀に対する処分は譴責だけで、その後宣宗に代わって横手城代に任じられているということを考えると、この大眼宗事件の結末は、この際すべての罪を宣宗に負わせて伊達氏を失脚させようという、盛秀の企みだったのではなかったのかと思われてくるのである。

盛秀は、天正十七（一五八九）年十月の須賀川城の合戦で、嫡男秀広（美濃二郎）を伊達政宗に鉄砲で撃ち殺され、同時に主家である二階堂氏を滅ぼされ、横手では宣宗の庶兄大塚権之助によって、慶長十四（一六〇九）年三月に、秀広に代わって後嗣とした三男盛方を斬殺された、ということについては既に何度か触れている。だから、宣宗を改易処分に追い込んだことで伊達氏に対する復讐が果たされた、と盛秀が考えたとしても不思議はないであろう。この「大眼宗事件」から三年後の寛永二（一六二五）年八月、須田盛秀が死去している。享年九十六歳、最期まで横手城代を務めた。須田氏の菩提寺、天仙寺に墓がある。戒名は傑翁宗英大禅定門。「天仙」というのは嫡男秀広の法名である。

そして第四代城代は、盛方の娘婿玉生《たまにう》八兵衛が須田盛久と改名して就任した。盛久が横手城代を継承することになったのは、盛秀の執念の賜物であった。

ところで、改易処分を受けた宣宗はその後どうなったのであろうか。宣宗には、正妻である佐竹南義種の娘との間に一男一女の子供ができた。「伊達氏系図」によると、改易処分を受けた同じ日の元和八年八月四日に女の子が生まれている。宣宗は、妻と生まれたばかりの子供を舅である湯沢城城代の南義種に預けたのであろうか、その後、江戸に出奔したと言われている。江戸で何をしていたのか、またどこで暮らしていたのかは分からないらしい。しかし、七年後に秋田に戻って来て、板井田村水沢（大森町川西）に幽居した。このときには別れていた妻子も共に暮らしていたと思われる。寛永八（一六三一）年六月一日、男の子が生まれ、自然丸と名付けられた。ところが、翌寛永九年四月二日、その水沢の地で宣宗は死去してしまうのである。享年三十九歳であった。墓は、横手市大森町川西の一心寺に近い里山の小道の脇にあり、「左門塚」と呼ばれている。戒名は玉翁宗白大禅定門である。

確認はしていないが、宣宗の菩提寺は秋田の白馬寺であろう。だが、葬儀は横手で行われたものと思われる。それも、恐らく須田氏の菩提寺である天仙寺で営まれたのではないだろうか。初代城代伊達盛重の菩提寺として想定した千手院で営まれた可能性もあるが、千手院はこの頃には伊達氏の後ろ盾を失って衰亡し、あるいはもはや廃寺となっていたであろうから、恐らく葬儀を行うのは無理だっ

一心寺

左門塚

天仙寺
須田氏一門の墓が岩瀬御台の墓を守るように並んでいる。

たと思われる。

では、天仙寺で宣宗の葬儀が営まれたと推測する理由は何であろうか。一つには盛秀は既に亡くなっていて、後嗣の横手城代須田盛久には、互いに養子の立場の宣宗を哀れに思うことがあっても怨みを抱く必然性がなかったであろうし、先の城代であった宣宗の葬儀は、相応の格式を持って行う必要があると考えたであろう、ということが挙げられる。

もう一つには、盛秀と宣宗の戒名に奇妙な共通点が認められることである。「大禅定門」は「居士」や「大姉」と同様に戒名の下につける称号だから、問題は上の四文字の部分である。二人の戒名の文字の内、中の二文字「翁宗」が共通なのは偶然であろうか。実は、これらの戒名をつけたであろう導師の癖が現れていると考えられないだろうか。だから、二人の戒名で異なっているのは、わずかに二文字だけなのである。つまり、これらの戒名をつけた導師は、その二文字にそれぞれの生涯を表現させていると言って差し支えないであろう。それらの文字は、盛秀の場合は「傑」と「英」であり、宣宗は「玉」と「白」である。これらを逆から読むと、盛秀は「英傑」となり、宣宗は「白玉」となる。この手法が正しいならば、まさしくその生涯を表す単語であろう。「英傑」については何も言う必要がないくらい、盛秀の人生そのものであろう。一方、「白玉」とは真珠のことを意味していて、その宝石言葉は「純潔」あるいは「忍耐が報われる」ということを意味している。つまり、宣宗が改易されたのは、無実の罪によるものである、と暗示しているとは考えられないだろうか。余計な詮索であったかもしれない。

宣宗の葬儀が天仙寺で営まれたとしても、ではなぜ墓は水沢の野面に置かれたのであろうか。このことからも、伊達家菩提寺として想定した千手院が、既に廃寺同然となっていたということが想像されるが、また正妻である南義種の娘が、自分達の住まいの近くに葬りたいと望んだからではないだろうか。しかしその後、その宣宗の夫人は、自分の実家である佐竹南家の城下湯沢に転居して、嫡子自然丸を擁して伊達家の再興を図るために俄然行動を起こすことになるのである。

「伊達氏系図」によると、寛永十三（一六三六）年春、佐竹南義種の長子義章が恩免の仲立ちをして、自然丸は初めて二代藩主佐竹義隆に拝謁した。このとき自然丸は又三郎と名乗り、六歳であった。寛永二十一（一六四四）年正月元日、十三歳の又三郎は一族の席に着くことを許され、伊達氏は「引渡二番座」、知行高五百六十石として復活した。盛重が死去して二十九年、宣宗が失脚してから実に二十二年が過ぎようとしていた。正保三（一六四六）年三月十二日、十五歳になる又三郎は、元服して、藩主義隆から諱字を賜って隆宗と名乗った。

以後、秋田の伊達氏は明治維新まで家系を継いだが、その後、家名は絶えたと言われている。

宮城の国分氏のその後

文禄五（一五九六）年三月、国分能登守盛重は甥の伊達政宗の軍勢に攻められて、防戦むなしく松森城は陥落し、家臣八十三騎を伴って常陸国に亡命した、という経緯については既に詳しく述べた。この松森城の合戦が、盛重と政宗との狂言であったか否かは措くとしても、その後に盛重の正妻と三男三女の実子が残され、不思議にもそれがみな生き永らえたことも述べている。しかも、末子の古内主膳重広に至っては、後に一万六千石を領知して、仙台藩の国老にまで栄達しているのである。

実は、宮城に残された盛重の系譜にはもう一つの異なる系統がある。これまでにもその事実について触れてはいるのだが、ここで敢えてその「宮城の国分氏」について述べてみよう。

宮城県の旧泉市（現在の仙台市泉区）が、昭和六十一（一九八六）年十一月に発刊した『泉市史』（上巻）の「第四章　泉市の歴史的概況、第二節　泉市の中世時代」に、泉市域中世の国分領の四百年間が概説してある。その中に、「国分氏没落後の末裔」として、「1　古内主膳重広」と「2　馬場氏と桂島氏」の記述がある。前述したように、古内重広については既に詳しく説明したので、ここでは、「馬場氏と桂島氏」について考察してみよう。

陸奥国分寺仁王門

『泉市史』から引用する。

「盛重の子伊賀重吉は別夫人の子である。母は国分院主坊天峰法印の女で『楚乃《その》』と称した。国分氏没落のときこの一族は、宮城郡桂島の馬場主殿をたよって松島湾内の桂島に隠れた。後に桂島を出て国分氏の氏寺である木下国分寺に隠れた。慶長の初め政宗が狩野の途次国分寺に逗留し、たまたま寺の門前に遊んでいた子供が目にとまり、母も召出されて訊問をうけたが、安堵されて荒巻の地を賜わった。後荒巻の地が藩の用地となり、その替地として国分野村の地を賜わった。本七北田《ななきた》街道沿線で鐙坂《あぶみざか》下付近の広大な野谷地の開墾をまかされて所領とした」

国分院主坊天峰法印の女「楚乃」が盛重の妾で、その子伊賀重吉が盛重の庶子であるということは、ほぼ間違いのないところであろう。

一方、盛重が国分氏に入嗣した相手の女性は、以前にも述べたように国分十七代盛廉の女であったというのが通説であろう。つまり、十五代盛氏の後嗣は嫡子の盛顕だったのだが、多病のために弟の盛廉が跡を継いだ。その盛廉の娘が盛重の正妻で、天正五（一五七七）年に入り婿して十八代となるのである。ところが、盛廉は元亀元（一五七〇）年に刈田郡宮河原で討ち死にしていて、盛重が入嗣するまでの七年間は、病持ちの十六代盛顕が国分氏の当主に復帰したのだが、そのために国分氏は更に弱体化してしまったのだと思われる。

ところで「平姓千葉国分氏系図」では、盛廉の子供として、盛重に配された「女」の他に、小林氏を継いだ盛隆という男子がいたことになっている。盛廉が戦死したときに、盛隆がまだ幼ければ、盛顕が復帰したのも頷けるところであろう。

ところが「宮城の国分氏」の系図によると、盛廉にはもう一人盛次という息子がいて、奇妙なことに十八代はその盛次だったとされているのである。それならば、盛顕が復帰する必要はなかったことになる。そして、その盛次の娘の嫁いだ相手が、盛重と楚乃の子供の伊賀重吉だったとされているのである。

また、もう一つ別の系図があって、それによると盛次は十五代盛氏の嫡子で、天正四年に本宮で戦傷して廃人となり、天正九（一五八一）年三月に死去したことになっている。そのために盛重が盛氏の養子となって、天正五年に国分氏に入嗣したのだという。だからこの系図には、盛顕も盛廉も、盛廉の女も出て来ない。盛重の妻は「その」だけで、子供に関する記載は馬場氏伊賀重吉一人で、重吉の妻は国分盛次の女になっている。また、盛次には（桂島）盛広という男子がいたとされている。時間的なずれや前後関係が多少気になるところではあるが、国分盛次の墓は七北田の実相寺に現存しているといわれているので、どちらの系図にも現れるこの盛次という人物が実在したのは間違いないのであろう。とりあえず、そのまま受け入れるしかない。

　これら両方の系図に共通しているのは、伊賀重吉と国分盛次の女との間にできた子供たちである。再度『泉市史』から引用する。

「重吉に三人の男子があり、太郎兵エ吉親・次郎右衛門吉詮・三郎助吉成《よしなり》である。いずれも国分の姓をはばかって馬場・桂島を名乗り、名前も『盛』とか『胤』を用いなかった。長男馬場太郎兵衛吉親（現・馬場盛司家先祖）、次男次郎衛門吉詮（現・馬場芳治家先祖）は野村鎮守神明社の社人として定住した。後元禄の初め吉詮は大肝入を命ぜられたが、一族とはかって辞退したと伝える。

七北田の実相寺

野村白山神社

三郎助吉成と従弟の吉品は鐙坂近くに定住して、桂島を名乗ったという。吉成も吉品もともに伊達家に仕えた」

渋谷鉄五郎氏の『久保田藩伊達氏考』によると、「伊賀重吉の三子長ずるにおよび七北田の国分本拠に移り帰農した」そして、仙台藩では長子吉親を神明社の別当職に補して扶持を与えた。また、次男（『泉市史』では三男）吉成は士分の御不断衆に登用されて桂島対馬と称し、明治になると苗字を国分に改めた。三男（『泉市史』では次男）の桂島次郎右エ門は農民となり、子孫は七北田に住んだ、とされている。

従って、宮城における国分盛重の血脈は、岩沼の古内氏と、松森城址に程近い、国分荘七北田郷の馬場氏と桂島氏によって受け継がれて来たのである。

現在七北田の野村には、国分氏の氏神である白山神社が祀られているが、その周辺の地名は桂島と名付けられている。

松森御前と政宗御落胤事件

伊達盛重の実子は三男三女あって、松森城の合戦の後に、盛重の常陸国亡命という事件があったにも関わらず、何故かそのすべてが助命されたことは繰り返し述べている。それも、佐沼城や小手森《おでもり》城で「撫で斬り」を行い、腹心伊達成実が高野山に出奔したときには、その一族郎党を殺戮し、更に自身の弟小次郎までも刺殺したと言われている、あの伊達政宗にである。私は、そこに政宗の「何やら特別な配慮」があったと思われる、と先述した。では、政宗がその「特別な配慮」をした理由または原因は何だったのだろうか。

私は本稿の中で、盛重の亡命と、政宗による国分領の伊達領への併合を、彼らの狂言ではなかったか、という推論を試みた。そう考えなければ、松森城の合戦の後で、盛重が八十三騎もの家臣を伴って、政宗の領地の中、約百キロもの距離を突っ切って逃げおおせたはずがなかったと思われるからである。だから、その狂言が政宗の「特別な配慮」の理由の一つと考えられる。では、それがすべてか、というと実はもう一つ別の理由があったようなのである。そのもう一つの理由とは、ある女性の存在であった。ただし、断っておくが、これは異説であって、私も確信を得ている訳ではない。

話を進める。

「英雄色を好む」とは、昔から言い習わされたことだが、政宗も例外ではなかったということのようだ。政宗の側室は一説では九人程いたそうだが、主に語られるのは、後の宇和島藩主となった政宗の庶長子伊達秀宗を生んだ「新造の方」と、飯坂宗康の次女の「飯坂の局」であろう。この飯坂の局は美貌に優れていたが、疱瘡に罹ったために松森に庵を結んで隠棲し、「松森御前」とも呼ばれた。

ところが、政宗の側室としてもう一人「松森御前」と呼ばれる女性がいたと言われている。この第二の松森御前が、伊達盛重の夫人だった、ということになると些か話が穏やかでなくなってくる。盛重の夫人といえば、国分盛廉の娘で、盛重が国分氏に入嗣したときに正妻となった女性のことである。盛重が常陸国に亡命したときに、命を助けられた子供たちの母親で、政宗にとっては叔母に当たる。

この松森御前は、稀代の美女であったらしい。盛重が国分氏に入嗣したのが天正五（一五七七）年、二十四歳のときであったから、松森御前は恐らく二十歳前後であったろう。一方、この年十一月十五日に政宗は元服したのだが、まだ十歳になったばかりであった。だから、松森御前は政宗よりも十歳くらい年上ではあったのだが、その政宗が美人の盛重夫人を見初めた。そして、何とかして我が物にしようと考えた。

『伊達治家記録《だてじかきろく》』が示すように、盛重が入嗣してから、事ある毎に伊達氏側から国分氏に対して何かと難癖がつけられるようになった。そして、盛重の統治能力がいかにも劣っているかのような記録が続く。政宗の意図を汲むかのように、伊達氏からの組織的な国分氏と盛重に対する締め付けが繰り広げられた。それも、輝宗が天正十三（一五八五）年に殺害されて、政宗が完全に伊達氏の実権を掌握した後になると、更に激化してきたような印象を受ける。

『伊達治家記録』の天正十五年四月二十五日の条に「国分彦九郎殿政《まつりごと》事宜しからざるに就て家中騒動に及べり。因て仕置等の儀御異見のため伊東肥前を国分北目へ差遣わさる」と、政宗の国分氏に対する内政干渉が行われた。更に、十月十六日の条には「国分彦九郎政重政事宜しからず、家中騒動について当四月以来、度々御使を以て御異見ありといへども家中御下知に従わず今に騒動す。因て攻め亡すべき旨仰出され、御人数遣わされ御下知に従うべし。若し敵対せば一向に討捕るべき旨、小山田筑前等に仰付られる」つまり、政宗は武力に訴え

北目城址

て国分氏を滅ぼそうという動きに出たのである。そのような政宗の過激な行動を夢にも思っていなかった盛重は、慌てて政宗の元に赴いて、「政重国分を退いて米沢に参上し、罪を謝せらる。家中は兎角静まらず、然りとも終に攻め玉わず」と、このときは事なきを得ている。

しかし、その後も政宗の国分氏に対する執拗な攻撃が続き、その結末が松森城の合戦となり、その結果、盛重主従の安全な亡命と、その妻子たちの助命と引き換えに、国分領の伊達領への併合が行われ、そして、第二の松森御前は政宗の「妾」にされたのであろう。

政宗は、この松森御前に扶持を与えて松森城下に住まわせ、鷹狩りと称しては度々御前のもとに通ったのだという。しかし、心労がたたったのか、御前は慶長八（一六〇三）年十月に死去してしまうのである。ところが、この松森御前には、盛重との間にできた松寿丸という子供がいて、松森城の合戦の後、那須に隠棲させていたという。この松寿丸は成長して国分盛秀と名乗り、いつしか仙台に戻ってきたのであろう。その盛秀には子供がいて国分盛信と名乗り、別名川村玄秀と称して医師を生業としていた。

ところで、松森御前亡き後も政宗は松森に通い、今度は御前在世中に召し使いだった「タメ」という老女の娘「松尾」を妾にして、女の子を産ませた。つまり、この娘は政宗の御落胤ということになる。

そして、川村玄秀こと国分盛信が妻としたのが、松尾が生んだ政宗の御落胤であるこの姫君だったというから、ますます話はややこしくなる。この二人の間には男の子が生まれて、名前を右兵衛盛春といい、国分荘七北田《ななきた》に住んで、父親と同じく医師を生業として川村玄硯と称した。

享保六（一七二一）年七月、この盛春が仙台藩の藩庁に訴願状を提出した。その内容は、「自分の母親は藩祖政宗公の御落胤で、父親は国分盛重公の孫である。それが現在零落して生活にも窮している。どうか相応の御扶持を賜りたい」というもので、証拠となる品物を添えて訴え出たというのである。

この訴えを受けて、仙台藩は十三年間もの長期間審理究明をした。そして、享保十九（一七三四）年九月「訴えは偽りであり、盛春は贋者である」という裁きをして、本人の盛春を仙台城下引き回しの上、七北田の刑場で磔刑に処し、息子、弟、弟の子供などの係累を遠島の処分にした。『伊達治家記録』の享保十九年九月二十三日の条に曰く、「川村玄硯、国分家嫡流と偽るによって、磔に処せられ、親族を連座せしむ」。

さて、盛春は本当に贋者であったのであろうか。なぜ審理究明に十三年もの長期間を要したのか。些かでもそれらしいところがなければ、調査はもっと短期間で済んだのではないだろうか。疑問が残るところではある。

松森城の合戦の後、伊達盛重の子供たちがすべて助命され、あまつさえそれぞれの立場で立身したことは、本人の努力があったであろうことは勿論である。それはそうであろうが、私はそこに政宗の「何やら特別な配慮」が働いていたのではないかと考えている。つまり、政宗の松森御前に対する横恋慕、それが「特別な配慮」のもう一つの理由だったのではないだろうか。

享保十九年の「政宗御落胤事件」は、政宗のそのような配慮のとんだ徒花《あだばな》であった。

角田城址
伊達成実の居城。成実出奔後、一族郎党が殺害された。

伊達氏略系図

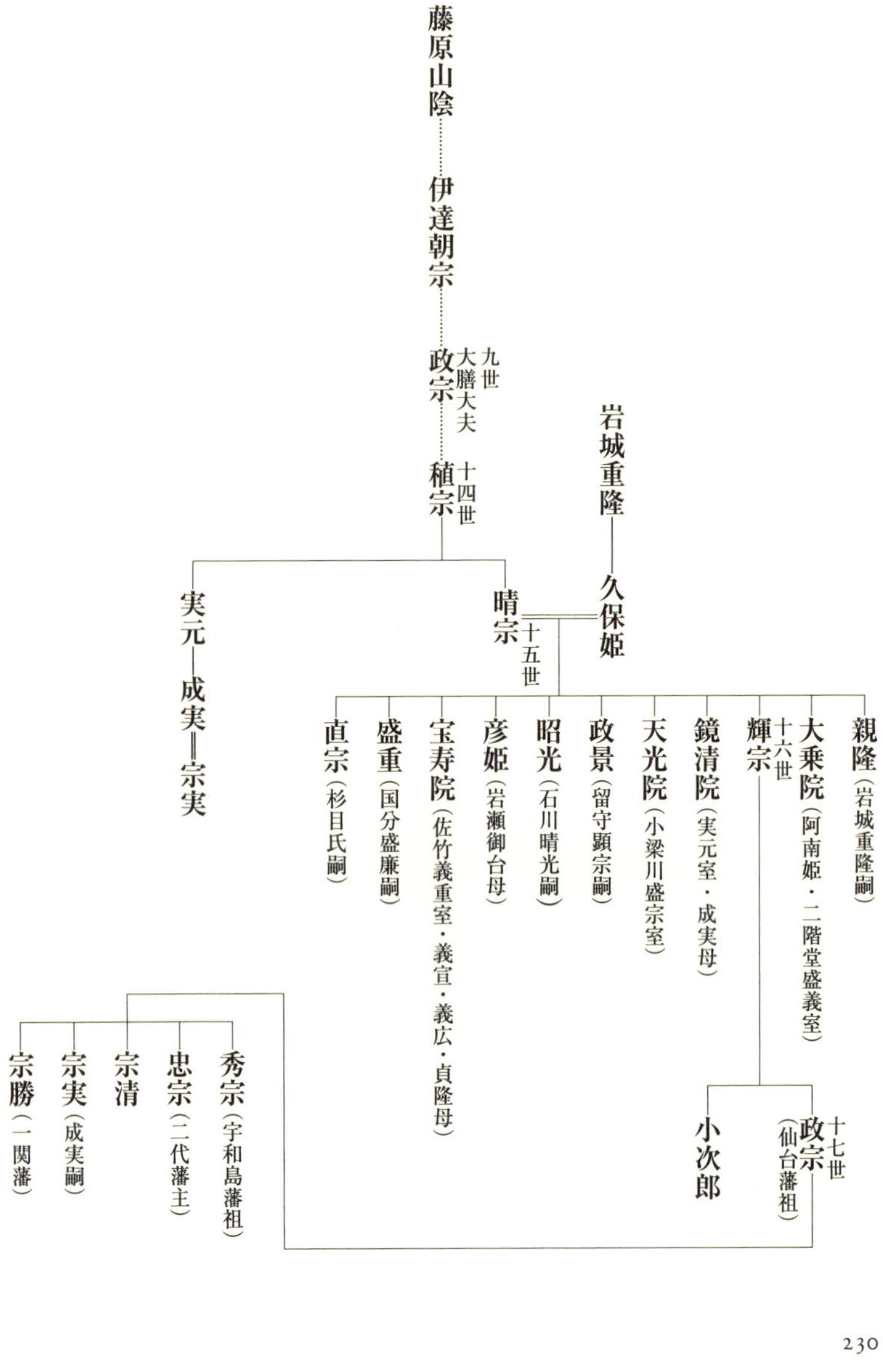
藤原山陰
伊達朝宗
政宗 九世 大膳大夫
稙宗 十四世
岩城重隆
実元
成実
宗実
晴宗 十五世
久保姫
親隆（岩城重隆嗣）
大乗院（阿南姫・二階堂盛義室）
輝宗 十六世
鏡清院（実元室・成実母）
天光院（小梁川盛宗室）
政景（留守顕宗嗣）
昭光（石川晴光嗣）
彦姫（岩瀬御台母）
宝寿院（佐竹義重室・義宣・義広・貞隆母）
盛重（国分盛廉嗣）
直宗（杉目氏嗣）
政宗 十七世（仙台藩祖）
小次郎
秀宗（宇和島藩祖）
忠宗（二代藩主）
宗清
宗実（成実嗣）
宗勝（一関藩）

佐竹氏略系図

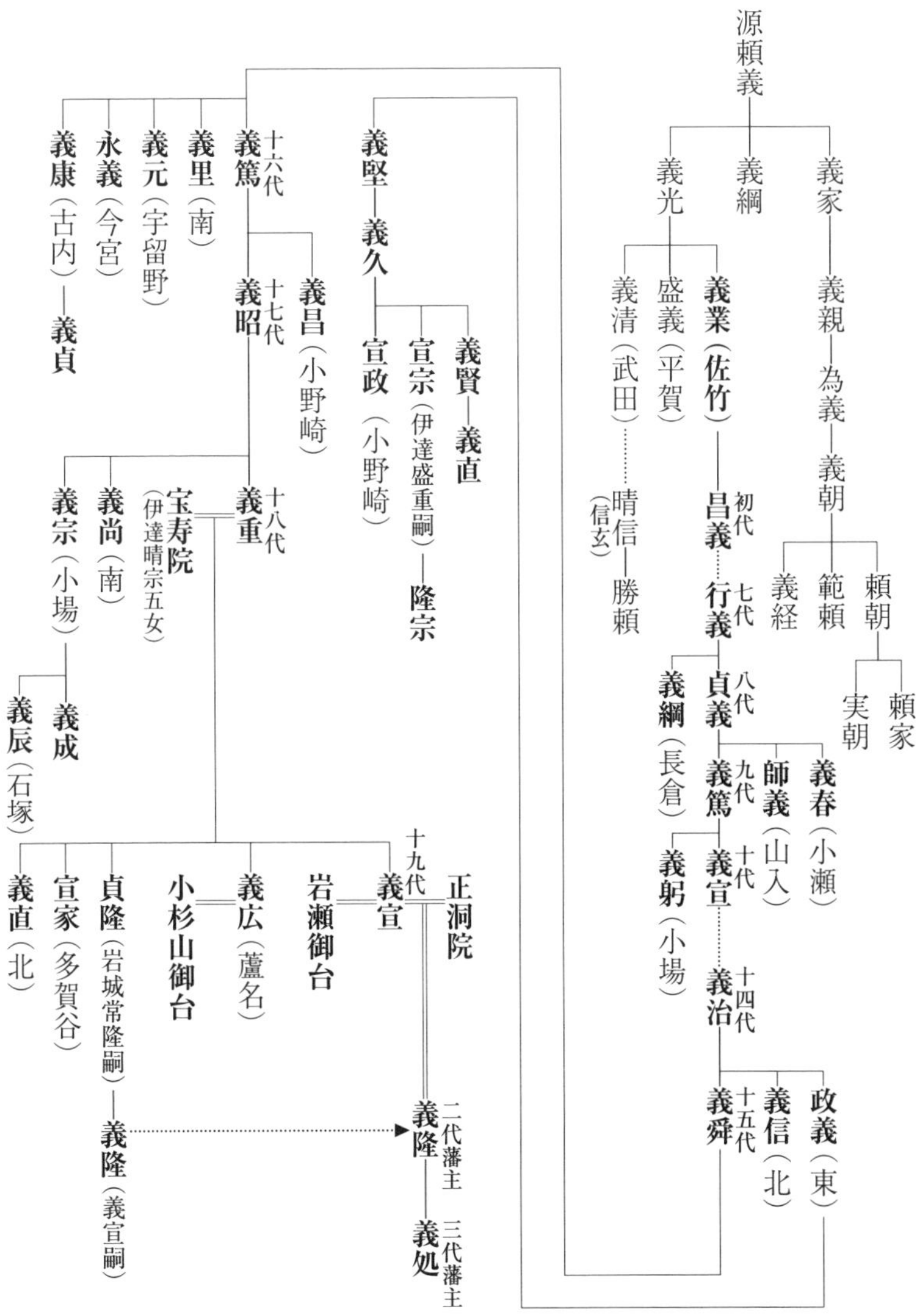
源頼義
義家
義綱
義光
義親
為義
義朝
頼朝
範頼
義経
頼家
実朝
義業（佐竹）
盛義（平賀）
義清（武田）
晴信（信玄）
勝頼
初代 昌義
七代 行義
八代 貞義
義綱（長倉）
義春（小瀬）
師義（山入）
九代 義篤
十代 義宣
義躬（小場）
十四代 義治
政義（東）
義信（北）
十五代 義舜
十六代 義篤
義里（南）
義元（宇留野）
永義（今宮）
義康（古内）
義貞
十七代 義昭
義昌（小野崎）
十八代 義重
宝寿院（伊達晴宗五女）
義尚（南）
義宗（小場）
義成
義辰（石塚）
義堅
義久
義賢
義直
宣宗（伊達盛重嗣）
隆宗
宣政（小野崎）
十九代 義宣
正洞院
岩瀬御台
義広（蘆名）
小杉山御台
貞隆（岩城常隆嗣）
義隆（義宣嗣）
宣家（多賀谷）
義直（北）
義隆 二代藩主
義処 三代藩主

久保田藩伊達氏略系図

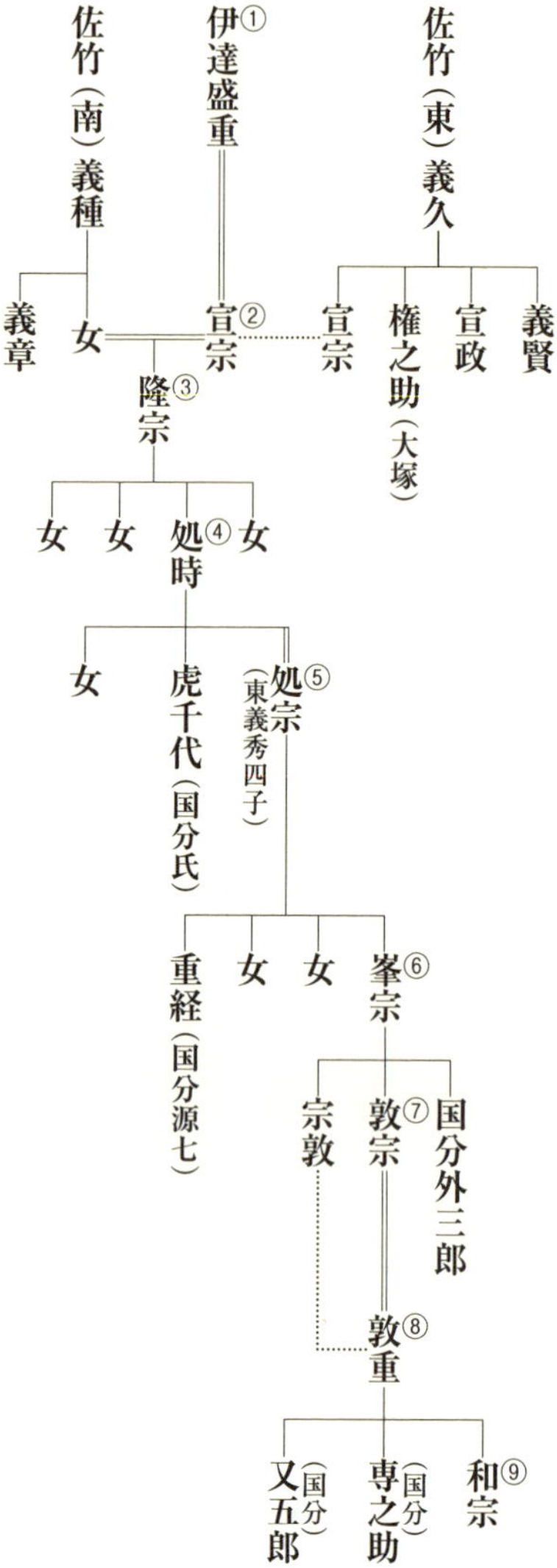

佐竹（南）義種
①伊達盛重
佐竹（東）義久
義章
女
②宣宗
宣宗
権之助（大塚）
宣政
義賢
③隆宗
女
女
④処時
女
女
虎千代（国分氏）
⑤処宗（東義秀四子）
重経（国分源七）
女
女
⑥峯宗
宗敦
⑦敦宗
国分外三郎
⑧敦重
又五郎（国分）
専之助（国分）
⑨和宗

平姓千葉国分氏略系図

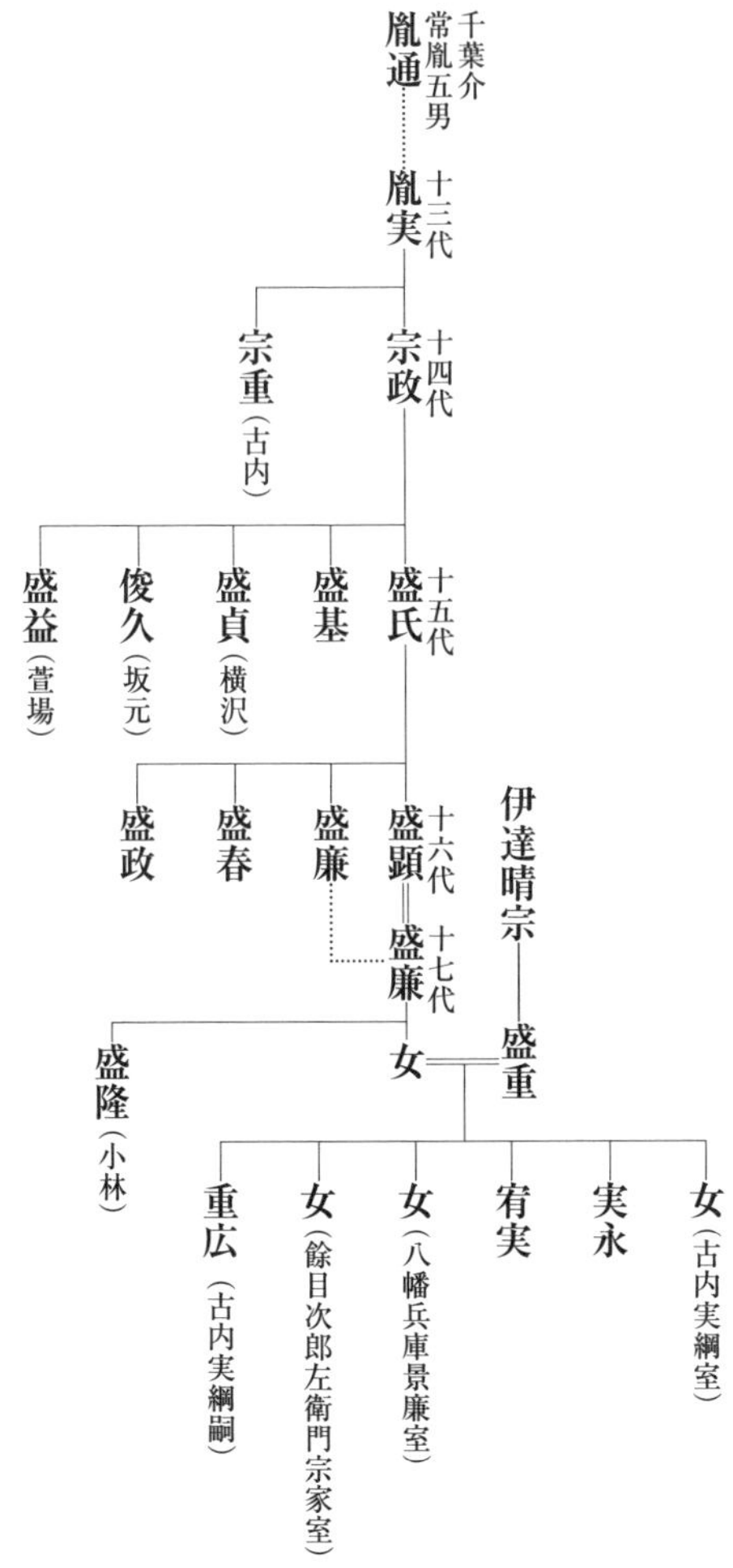
千葉介常胤五男
胤通
十二代
胤実
宗重（古内）
十四代
宗政
盛益（萱場）
俊久（坂元）
盛貞（横沢）
盛基
十五代
盛氏
盛政
盛春
盛廉
十六代
盛顕
伊達晴宗
十七代
盛廉
盛隆（小林）
女
盛重
重広（古内実綱嗣）
女（餘目次郎左衛門宗家室）
女（八幡兵庫景廉室）
宥実
実永
女（古内実綱室）

馬場氏桂島氏系国分氏略系図

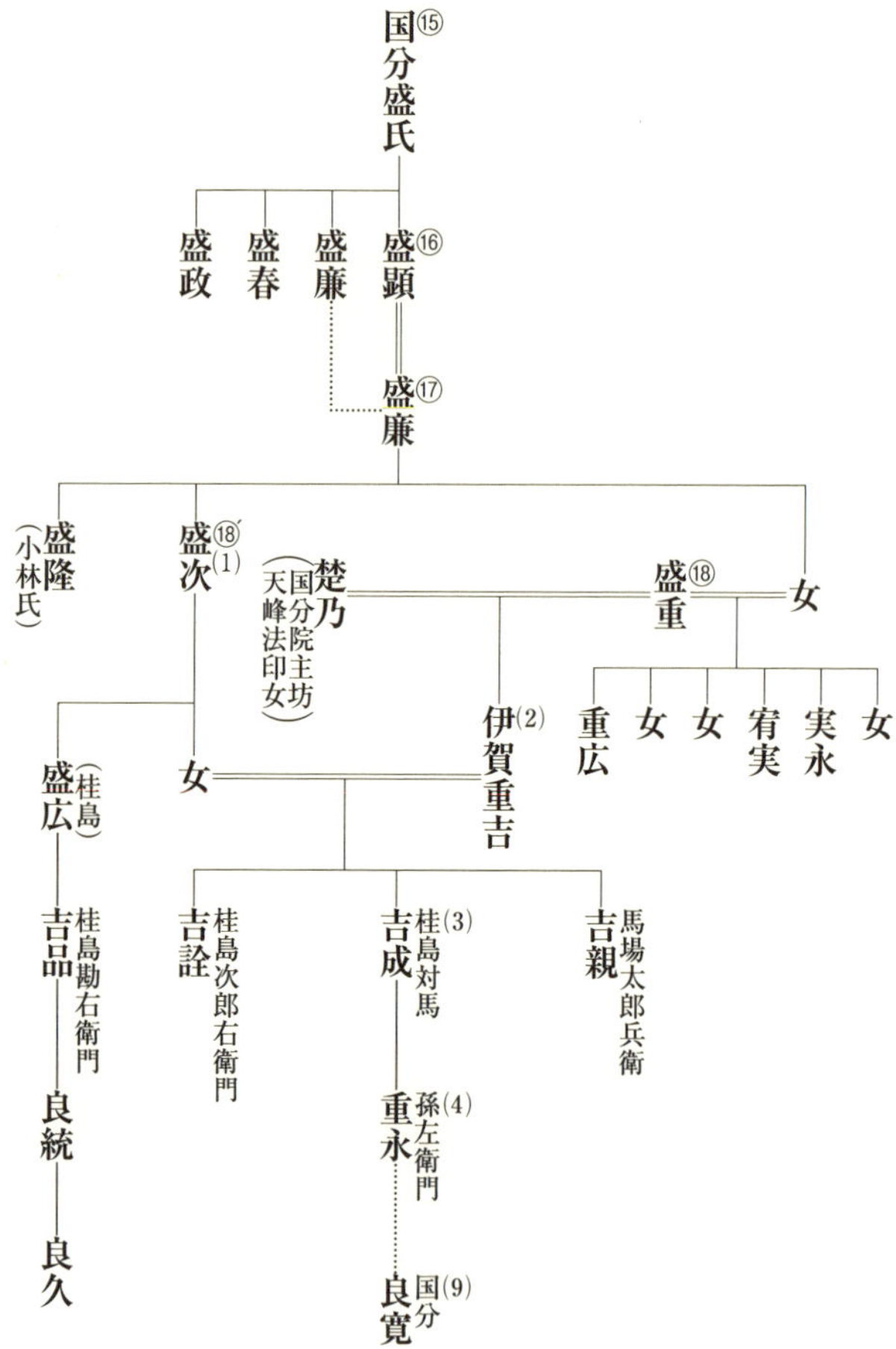

宮城の古内氏略系図

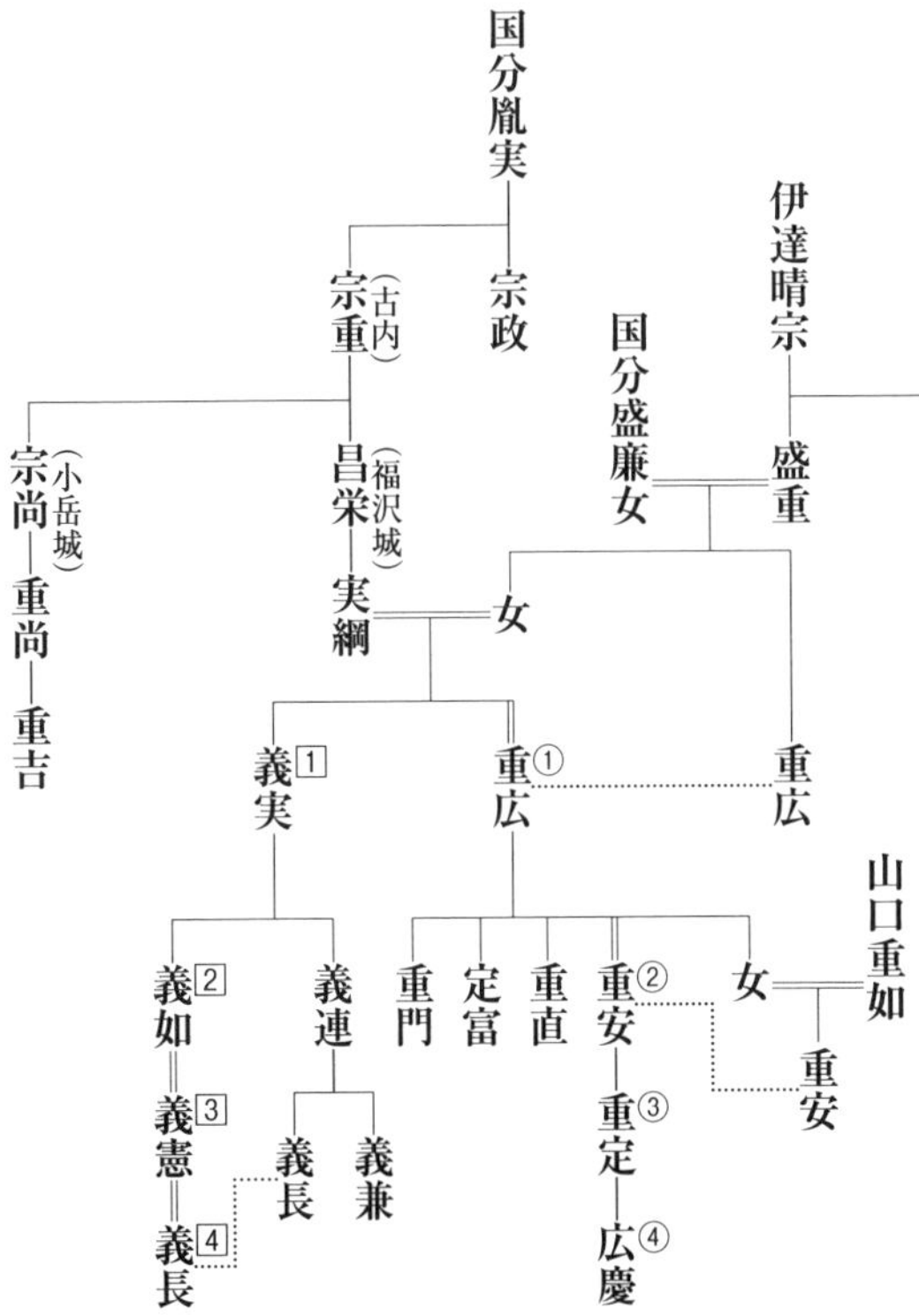

国分胤実
宗重（古内）
宗政
伊達晴宗
国分盛廉女
盛重
輝宗
政宗
忠宗
宗尚（小岳城）
重尚
重吉
昌栄（福沢城）
実綱
女
義実1
重広①
重広
山口重如
義如2
義連
重門
定富
重直
重安②
女
重安
義憲3
義長
義兼
重定③
義長4
広慶④

政宗、御落胤事件関係系図

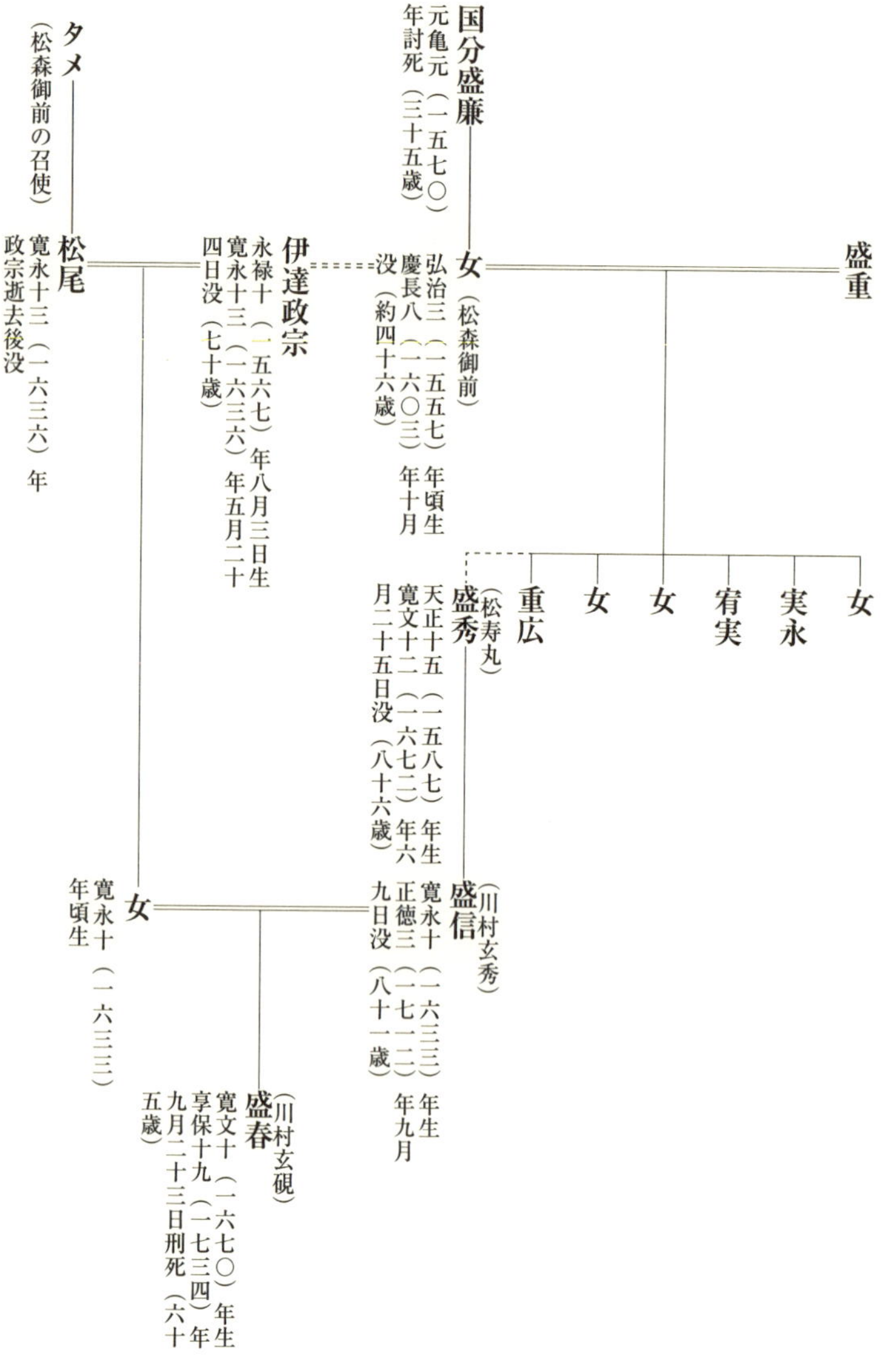
国分盛廉
元亀元（一五七〇）年討死（三十五歳）
タメ
（松森御前の召使）
女
（松森御前）
弘治三（一五五七）年頃生
慶長八（一六〇三）年十月没（約四十六歳）
盛重
伊達政宗
永禄十（一五六七）年八月三日生
寛永十三（一六三六）年五月二十四日没（七十歳）
松尾
寛永十三（一六三六）年政宗逝去後没
盛秀
（松寿丸）
天正十五（一五八七）年生
寛文十二（一六七二）年六月二十五日没（八十六歳）
重広
女
女
宥実
実永
女
盛信
（川村玄秀）
寛永十（一六三三）年生
正徳三（一七一二）年九月九日没（八十一歳）
女
寛永十（一六三三）年頃生
盛春
（川村玄硯）
寛文十（一六七〇）年生
享保十九（一七三四）年九月二十三日刑死（六十五歳）

年表

永正十六年（一五一九）	伊達晴宗、稙宗の長男として生まれる。	
大永一年（一五二一）	久保姫、岩城重隆の娘として生まれる。	
天文三年（一五三四）	伊達晴宗、久保姫輿入れの行列を襲い、姫を拉致。久保姫、晴宗の正室となる。	
天文五年（一五三六）	伊達稙宗、「塵芥集」を制定。	
天文六年（一五三七）	晴宗、久保姫の第一子鶴千代丸（親隆）誕生。後年岩城氏を継ぐ。	
天文十年（一五四一）	晴宗、久保姫の長女阿南姫誕生。後の大乗院。	
天文十一年（一五四二）	伊達氏天文の乱（〜天文十七年〔一五四八〕）。	

天文十二年（一五四三）		鉄砲伝来。
天文十三年（一五四四）	伊達晴宗次男伊達輝宗誕生。	
天文十六年（一五四七）	**二月十六日**　佐竹義重誕生（幼名徳寿丸）。	
天文十七年（一五四八）	**九月**　伊達晴宗、家督を継いで十五世となり居城を米沢城に移す。 伊達稙宗、丸森城に隠居する。	
天文十八年（一五四九）	この年、伊達晴宗三男、留守政景誕生。	**七月**　キリスト教伝来。フランシスコ・ザビエル、鹿児島に上陸。
天文十九年（一五五〇）	この年、伊達晴宗四男石川昭光誕生。	
天文二十二年（一五五三）	**三月十日**　伊達晴宗五男伊達盛重（彦九郎、政重）誕生。	**八月**　第一回川中島の合戦。

天文二十四年（一五五五）十月二十三日、弘治に改元	この年、古内重時、国分宗政に仕え、福沢城に拠って、古内氏の祖となる。	
弘治四年（一五五八）二月二十八日、永禄に改元		**九月** 木下藤吉郎、織田信長に仕える。
永禄三年（一五六〇）		**五月** 桶狭間の戦い、信長、今川義元を倒す。
永禄四年（一五六一）		**閏三月** 長尾景虎、上杉憲政より関東管領を譲り受け上杉氏を嗣ぐ。
永禄八年（一五六五）	**六月十九日** 伊達稙宗没（七十八歳）。	
永禄十年（一五六七）	**三月七日** 伊達晴宗三男政景、留守氏に入嗣。 **八月三日** 伊達輝宗、嫡子梵天丸（政宗）、米沢城で誕生。	
永禄十一年（一五六八）		**九月** 織田信長、足利義昭を奉じて入洛。

永禄十三年（一五七〇）四月二十三日、元亀に改元	**七月十六日** 佐竹義宣（幼名徳寿丸）誕生。	**九月** 石山本願寺の戦い。
元亀二年（一五七一）	この年、梵天丸、疱瘡に罹り、右目を失明する。	**九月** 信長、比叡山延暦寺焼き討ち。
元亀四年（一五七三）七月二十八日、天正に改元		**四月** 武田信玄没（五十三歳）。 **七月** 室町幕府滅亡（信長、足利義昭を追放）。
天正二年（一五七四）	**六月二日** 伊達輝宗、最上領内で最上義光と戦う。	
天正三年（一五七五）	**六月** 蘆名盛興死去。二階堂平四郎、後嗣となり盛隆と称する。	**五月** 長篠の合戦。
天正四年（一五七六）		**二月** 信長、安土城を築く。
天正五年（一五七七）	**十一月十五日** 梵天丸元服、伊達藤次郎政宗となる（十一歳）。	

	十二月 伊達政重、国分氏へ入嗣（二十四歳）。 **十二月五日** 伊達晴宗没（五十九歳）。乾徳院殿保山道祐大居士、宝積寺（福島市）。	
天正六年（一五七八）	杉目直宗、杉目城に入り、久保姫の警護につく。	**三月** 上杉謙信没（四十九歳）。
天正七年（一五七九）	この年、田村清顕女愛姫《めごひめ》、伊達政宗に輿入れする。	
天正九年（一五八一）	この年、二階堂盛義急逝。 **五月** 伊達政宗、初陣。相馬軍と戦う。	
天正十年（一五八二）	この年、二階堂行親早世。	**三月** 天目山の戦い。武田氏滅亡。武田勝頼没（三十七歳）。 **六月** 本能寺の変。織田信長自殺（四十九歳）。 **六月** 山崎の戦い。羽柴秀吉、明智光秀を討つ（光秀五十五歳）。
天正十二年（一五八四）	**五月** 伊達輝宗と相馬義胤の和睦成る。 **六月十日** 杉目直宗死去。行年不明。杉目氏断絶。	

	九月二十八日　政宗、伊達氏家督相続（十七世）。 **十月**　蘆名盛隆、家臣に殺される。	**七月**　羽柴秀吉、関白となる。
天正十三年 （一五八五）	**閏八月二十七日**　御手森城合戦。政宗、千百余人を撫で斬りにする。 **十月八日**　粟ノ須の変事。伊達輝宗、畠山義継に謀殺される（四十二歳）。 **十月十五日**　政宗、二本松城を攻め、義継を殺害？ **十一月十七日**　仙道人取橋の合戦。	
天正十四年 （一五八六）	この年、蘆名亀王丸、夭折。 **七月十六日**　伊達政宗、二本松城を攻め落とす。	**十二月**　羽柴秀吉、太政大臣となり豊臣の姓を賜る。
天正十五年 （一五八七）	この年、佐竹義重、次男義広を蘆名氏へ入嗣させる。 この年、盛重嫡男仁徳丸（後に出家して実永）誕生。 **四月二十五日**　国分家中に騒動。伊東肥前、調停。 **十月十六日**　政宗、小山田筑前に命じて武力で国分騒動を鎮定させようとした。盛重、米沢城に参上して陳謝。	**十二月**　秀吉、「関東奥羽両国惣無事令」発布。
天正十六年 （一五八八）	この年、盛重次男右衛門（後に出家して有実）誕生。 この年、盛重三男小四郎（後の古内重広）誕生？ この年、蘆名盛興、盛隆の正室彦姫死去。	

天正十七年 （一五八九）	この年、佐竹義重隠居。義宣が家督相続。 **六月五日**　摺上原の合戦。蘆名義広と小杉山御台、常陸へ逃亡。 **七月**　政宗、白河の結城義親を降す。 **十月二十六日**　須賀川城の合戦。二階堂氏滅亡。須田盛秀、常陸国に逃亡。須田秀広、伊達政宗に射殺される。	
天正十八年 （一五九〇）	**四月七日**　義姫、政宗の食べ物に毒を盛る。伊達政宗、弟小次郎を殺害。 **五月二十七日**　佐竹義宣、小田原で秀吉に拝謁。 **六月九日**　政宗、小田原で秀吉に拝謁。 **六月**　秀吉、奥州仕置、政宗所領、五十八万石に減封。 **七月**　岩城常隆死去。佐竹義重三男重隆が後嗣となる。 **十月**　葛西大崎一揆起こる。	**四月四日**　豊臣秀吉、小田原を包囲。 **七月五日**　小田原北条氏、滅亡。 **十二月**　佐竹義宣、水戸城を攻めて江戸重通を追放。 **十二月**　佐竹義宣、府中城を攻めて大掾氏を滅亡させる。
天正十九年 （一五九一）	**二月四日**　政宗、京に入る。伊達郡ほか六郡を没収され、葛西大崎十三郡を与えられる。 **六月二十四日～七月三日**　宮崎城・佐沼城の合戦。佐沼城で二千五百余人撫で斬りされる。葛西大崎一揆鎮定。 **九月二十三日**　政宗、岩出山城に移る。	**二月九日**　佐竹義宣、「南方三十三館」の国人衆を太田城で謀殺。 **三月二十一日**　佐竹義宣、居城を水戸城に移す。
天正二十年 （一五九二）	**一月五日**　政宗、朝鮮出兵の途につく。 **三月十七日**　政宗、肥前名護屋に着陣。	**四月**　文禄の役。

文禄二年（一五九三）	**三月十五日**　政宗、朝鮮に渡る。	
文禄三年（一五九四）	この年、佐竹東義久三男、五郎誕生。後に伊達盛重の養嗣子左門宣宗となる。 **六月九日**　栽松院久保姫、根白石の白石城で没（七十四歳）。栽松院殿月盛妙秋禅尼大姉。 **十一月四日**　保春院義姫、岩出山城から出奔。	**九月**　佐竹義宣、重臣の配置替えを行う。
文禄四年（一五九五）	**六月**　政宗、岩出山城に帰る。 **七月**　政宗、秀次自刃の報により京に上る。 **秋**　伊達成実、高野山に出奔。政宗、成実の妻子、家臣三十数人を討ち取る。	この年、須田盛秀、茂木城を預けられる。 **七月**　豊臣秀次、高野山に追放され、自刃。 **秋**　長倉義興、柿岡城主となる。
文禄五年（一五九六）十月二十七日、慶長に改元	**三月**　松森城の合戦。盛重主従八十三騎、常陸国へ亡命。嶋崎城主とされる。	
慶長二年（一五九七）		**一月**　慶長の役。秀吉、諸将に朝鮮再出兵を命ずる。 **秋**　宇都宮国綱、所領を没収され

		滅亡。
慶長三年（一五九八）		**八月十八日** 豊臣秀吉、死去（六十三歳）。 **九月** 徳川家康、前田利家と計り、在朝鮮の諸将に引き揚げを命じる。
慶長四年（一五九九）	この年、伊達政宗嗣子忠宗、幼名虎菊丸誕生。	**閏三月** 前田利家没（六十二歳）。加藤清正、福島正則ら石田三成襲撃を計り、三成、佐竹義宣に護られて、家康の邸に逃げる。
慶長五年（一六〇〇）	**四月頃** 盛重、柿岡城主となる。 **七月二十四日** 石田三成からの家康討伐の触れ状が佐竹義宣に届く。 **七月二十五日** 政宗、刈田郡白石城を攻撃。	**六月六日** 徳川家康、上杉景勝討伐を決意。東国の大名に出陣命令。 **九月十四日～二十九日** 出羽合戦（長谷堂城の戦い）。 **九月十五日** 関ヶ原の合戦。 **十月** 石田三成、処刑される（四十歳）。
慶長六年（一六〇一）	**四月十四日** 政宗、仙台城を普請し、岩出山城から移る。 **十一月二十八日** 佐竹東義久、死去（四十八歳）。	**八月** 上杉景勝、会津百二十万石を没収され、米沢三十万石に転封。

慶長七年（一六〇二）	五月八日　佐竹義宣、出羽国へ減転封を言い渡される。 五月十八日　仙台城築造工事、略々落成する。 七月二十七日　家康の御判物が義宣に渡される。 八月二日　白土大隅ら、土崎湊城を請け取る。 八月～九月　大乗院死去（六十二歳）。 九月十七日　伊達盛重、横手城代となる。	
慶長八年（一六〇三）	八月　伊達政宗、江戸より帰り初めて仙台城に入る。 十月　松森御前死去（?）。	二月　徳川家康、征夷大将軍に補任。江戸に幕府を開く。
慶長九年（一六〇四）	八月二十八日　窪田城竣工。佐竹義宣、土崎湊城から移る。	
慶長十年（一六〇五）		四月　家康、将軍職を秀忠に譲る。
慶長十二年（一六〇七）	この頃、岩瀬御台、義宣に離縁され、横手城外大沢に移る。 二月三日　留守政景没（五十九歳）。	二月　徳川家康、駿府城に隠居。
慶長十三年（一六〇八）	六月十七日　左門宣宗、元服して伊達盛重の養嗣子となる。 夏　古内重広、騎手として政宗に召し抱えられる。	

慶長十四年（一六〇九）	**三月八日**　大塚権之助、須田盛方を斬殺し、須田盛秀に討たれる。	
慶長十六年（一六一一）	**十月四日**　セバスティアン・ビスカイノ、仙台来訪。 **十月二十八日**　慶長三陸大地震発生（マグニチュード八・一）。 **十二月十三日**　伊達忠宗、元服。	**九月**　家康、イスパニア国使ビスカイノを引見。
慶長十七年（一六一二）	**四月十九日**　佐竹義重没（六十六歳）。	
慶長十八年（一六一三）	**九月十五日**　伊達政宗、支倉常長をヨーロッパに派遣。	**十二月**　幕府、切支丹禁教令発布。
慶長十九年（一六一四）	**十一月二十六日**　大坂冬の陣、盛重、今福合戦で先鋒の大将を務める。	**五月**　方広寺鐘銘事件起こる。 **十月**　家康、大坂征討を命令（大坂冬の陣、始まる）。
慶長二十年（一六一五） 七月十三日、元和に改元	**四月**　大坂夏の陣、宣宗出陣。 この年、宥実、上洛して権大僧都法印に叙せられる。 **七月九日**　宣宗、第二代横手城代に任じられる。 **七月十五日**　伊達盛重死去（六十三歳）。良雄道智大禅定門。	**四月～五月**　大坂夏の陣。大坂城陥落し、豊臣秀頼自刃（二十三歳）。

元和二年（一六一六）		四月十七日　徳川家康没（七十五歳）。
元和五年（一六一九）	一月　伊達宣宗、引渡二番座に列せられる。	
元和六年（一六二〇）	八月　支倉常長、帰国。	
元和八年（一六二二）	七月十日　石川昭光没（七十三歳）。 八月　横手で大眼宗事件起こる。 八月四日　伊達宣宗、改易される。 同四日　宣宗に女子誕生。	八月　山形藩主最上義俊改易。 十月　宇都宮藩主本多上野介正純、出羽守正勝父子が改易されて、横手に配流される。
元和九年（一六二三）	七月十六日　保春院義姫没（七十六歳）。	七月二十七日　徳川秀忠、将軍職を家光に譲り、江戸城西丸に隠居。
寛永二年（一六二五）	八月　須田盛秀死去（九十六歳）。傑翁宗英大禅定門。	
寛永七年（一六三〇）		五月十日　本多出羽守正勝死去（三十五歳）。

寛永八年（一六三一）	**六月一日**　伊達左門宣宗に男子（自然丸）誕生。後に隆宗となる。	
寛永九年（一六三二）	**四月二日**　伊達左門宣宗死去（三十九歳）。玉翁宗白大禅定門。	**一月二十四日**　徳川秀忠没（五十四歳）。
寛永十年（一六三三）	**一月二十五日**　佐竹義宣没（六十四歳）。	
寛永十二年（一六三五）		**四月**　鎖国令発布
寛永十三年（一六三六）	**春**　伊達宣宗の子・自然丸（又三郎）、二代藩主佐竹義隆に拝謁。 **五月二十四日**　政宗、江戸桜田の藩邸で死去（七十歳）。 **八月二十六日**　古内重広、仙台藩奉行職に任じられる。	
寛永十四年（一六三七）	**十月二十四日**　伊達政宗廟・瑞鳳殿完成。	**二月二十九日**　本多上野介正純死去（七十三歳）。 **十月**　島原の乱。
寛永十六年	**八月八日**　岩瀬御台死去（五十五歳）。昌寿院殿光円正	

（一六三九）	瑞大姉。	
寛永二十年（一六四三）	この年、宥実、寒河江の熊建山平塩寺住持となる。	
寛永二十一年（一六四四）十二月十六日、正保に改元	**一月一日**　伊達又三郎、引渡二番座として復活。	
正保三年（一六四六）	**三月十二日**　伊達又三郎、元服して隆宗と名乗る。	
慶安四年（一六五一）	**九月**　古内重広、筆頭家老となる。	**四月二十日**　徳川家光没（四十八歳）。
承応四年（一六五五）四月十三日、明暦に改元	**四月二十八日**　実永、龍宝寺で死去（六十九歳）。	
明暦三年（一六五七）	**四月一日**　古内重広、奉行職を辞し、古内肥後重安、奉行職を命ぜられる。	

明暦四年（一六五八）七月二十三日、万治に改元	**七月十二日**　伊達忠宗死去（六十歳）。古内重広殉死（七十歳）。**九月三日**　伊達綱宗、襲封を命ぜられる。	
寛文二年（一六六二）	**十一月十三日**　宥実、平塩寺で死去（七十五歳）。	
享保六年（一七二一）	**七月**　国分盛春（川村玄硯）、仙台藩に訴願状を提出（政宗御落胤事件）。	
享保十九年（一七三四）	**九月二十三日**　国分盛春、七北田の刑場で磔刑に処せられ、親族も連座（政宗御落胤事件の終結）。	

宮城県

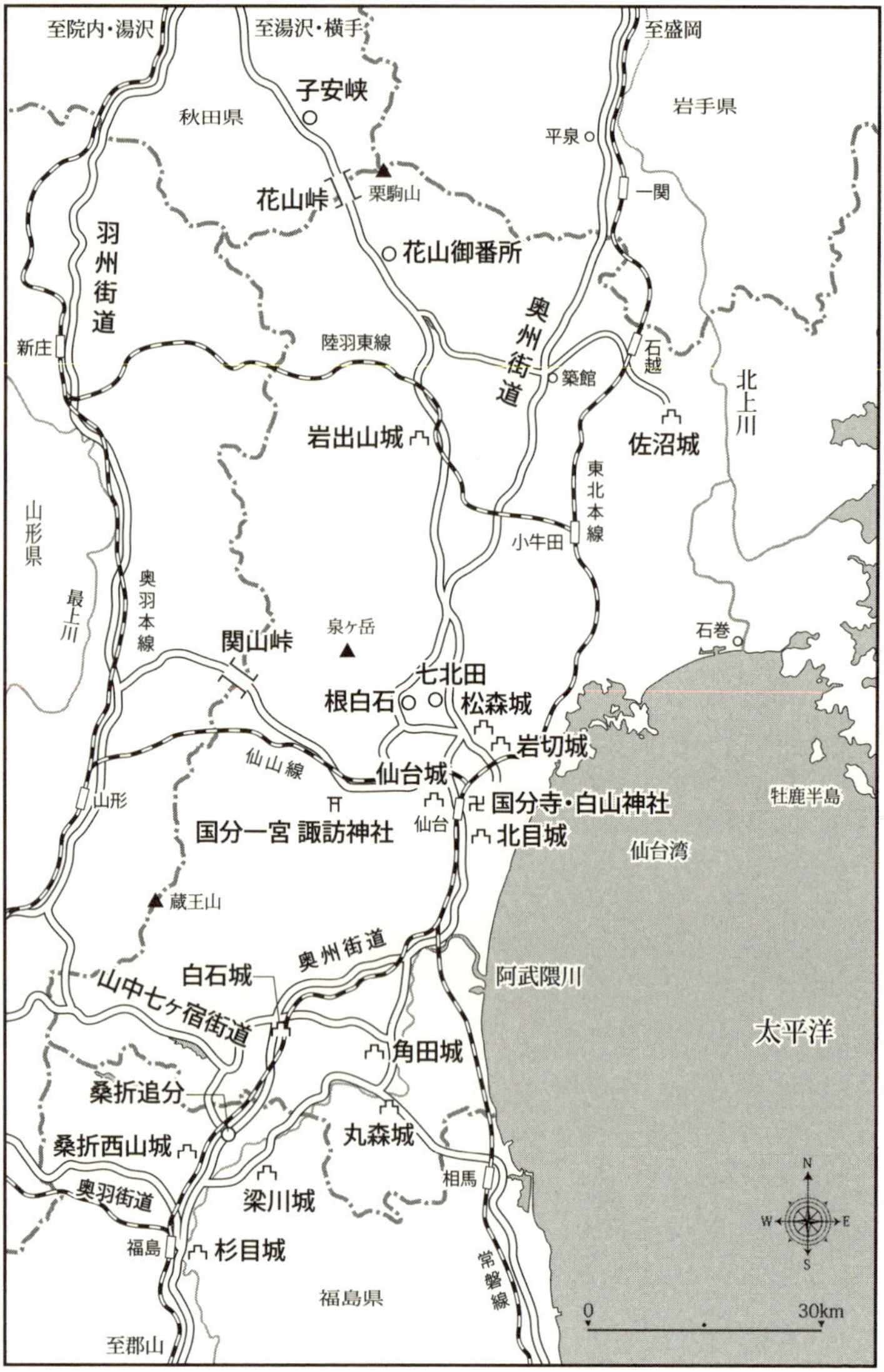

至院内・湯沢
至湯沢・横手
至盛岡
子安峡
秋田県
岩手県
平泉
花山峠
栗駒山
一関
羽州街道
花山御番所
奥州街道
新庄
陸羽東線
石越
築館
北上川
岩出山城
佐沼城
東北本線
山形県
小牛田
奥羽本線
最上川
泉ヶ岳
石巻
関山峠
七北田
根白石
松森城
岩切城
仙山線
仙台城
牡鹿半島
山形
国分寺・白山神社
仙台
国分一宮 諏訪神社
北目城
仙台湾
蔵王山
奥州街道
白石城
阿武隈川
山中七ヶ宿街道
太平洋
角田城
桑折追分
桑折西山城
丸森城
相馬
奥羽街道
梁川城
福島
杉目城
常磐線
福島県
0
30km
至郡山
N
S
W
E

根白石

栽松院墓
白石城
宇佐八幡神社
至泉ケ岳
根白石
七北田川
満興寺
R457
見松寺
福沢城
古内重広墓
大満寺
小岳城
N
W
E
S
R457
至野村(桂島)
0
500m
至芋沢・仙山線愛子駅

福島県

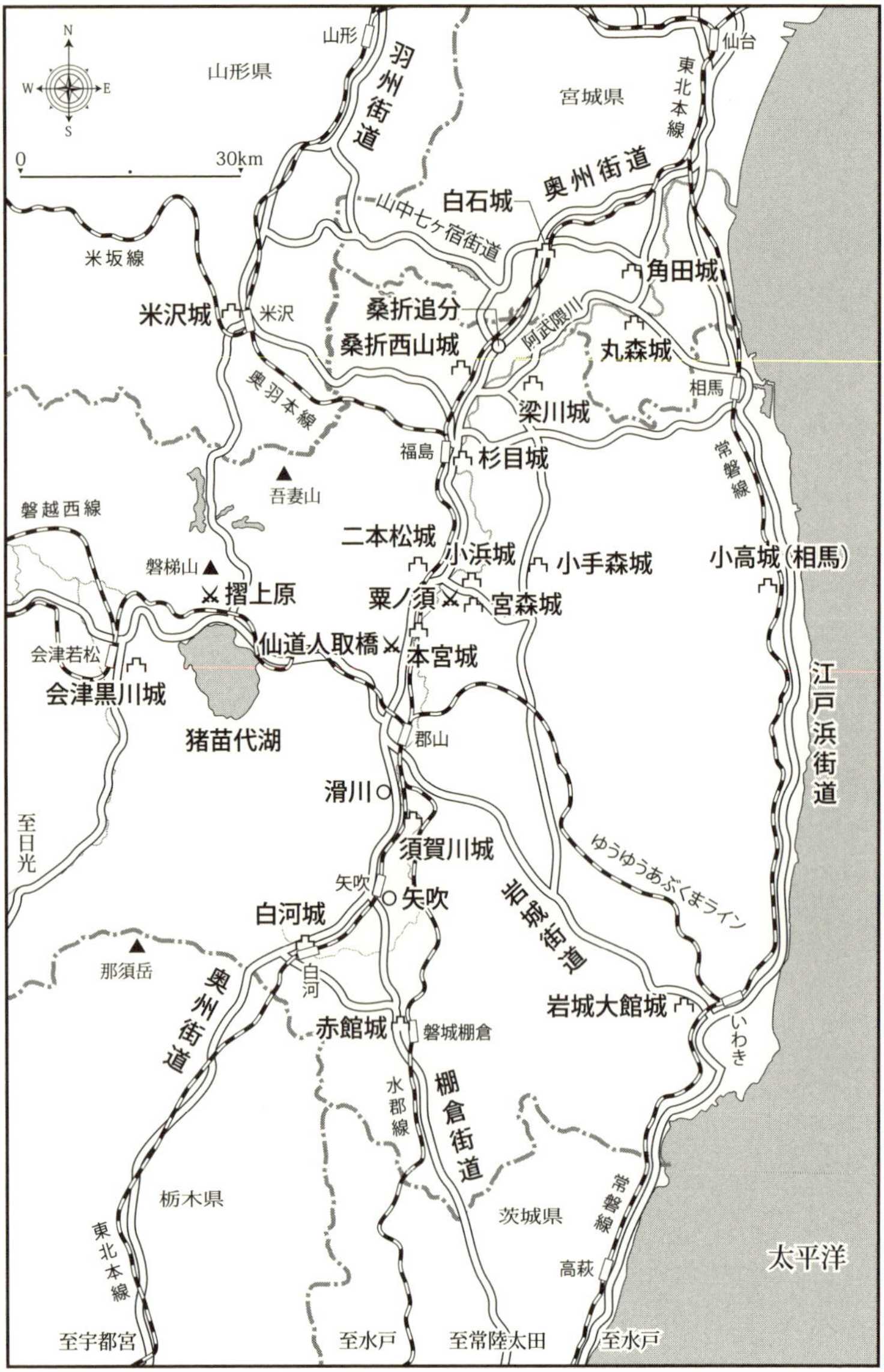

N
S
W
E
0
30km
山形
山形県
羽州街道
仙台
宮城県
東北本線
奥州街道
白石城
山中七ケ宿街道
米坂線
角田城
米沢城
米沢
桑折追分
桑折西山城
阿武隈川
丸森城
奥羽本線
相馬
梁川城
福島
杉目城
常磐線
吾妻山
磐越西線
二本松城
小浜城
小手森城
小高城(相馬)
磐梯山
摺上原
粟ノ須
宮森城
仙道人取橋
本宮城
会津若松
会津黒川城
江戸浜街道
猪苗代湖
郡山
滑川
至日光
須賀川城
ゆうゆうあぶくまライン
矢吹
白河城
岩城街道
那須岳
白河
奥州街道
岩城大館城
いわき
赤館城
磐城棚倉
水郡線
棚倉街道
栃木県
茨城県
常磐線
東北本線
太平洋
高萩
至宇都宮
至水戸
至常陸太田
至水戸

山形県

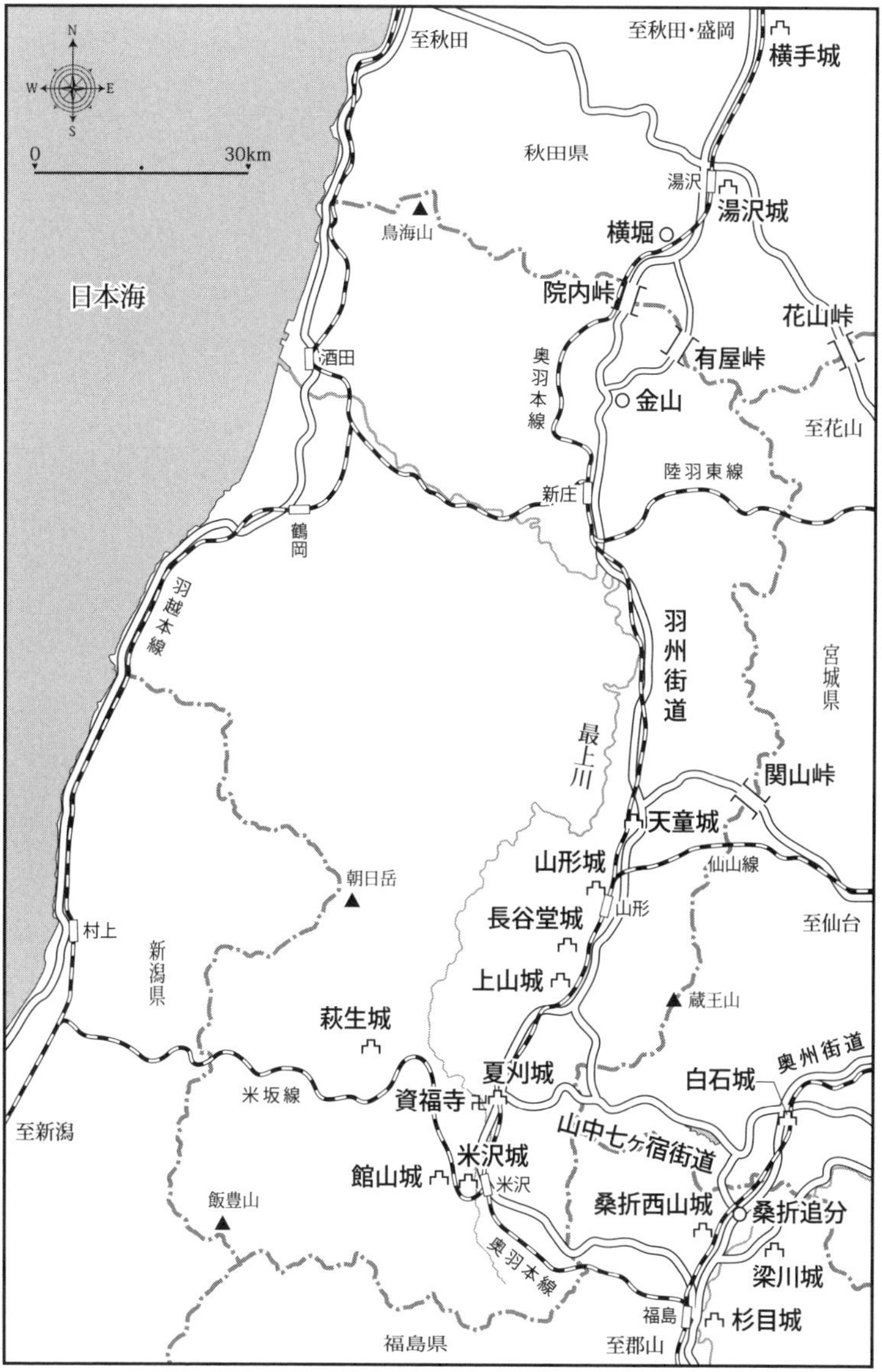

N
W
E
S
0
30km
至秋田
至秋田・盛岡
横手城
秋田県
湯沢
湯沢城
鳥海山
横堀
日本海
院内峠
花山峠
有屋峠
酒田
奥羽本線
金山
至花山
陸羽東線
新庄
鶴岡
羽越本線
羽州街道
宮城県
最上川
関山峠
天童城
山形城
仙山線
朝日岳
長谷堂城
山形
至仙台
村上
新潟県
上山城
蔵王山
萩生城
奥州街道
夏刈城
白石城
米坂線
資福寺
至新潟
山中七ヶ宿街道
米沢城
館山城
米沢
桑折西山城
桑折追分
飯豊山
奥羽本線
梁川城
福島
杉目城
福島県
至郡山

茨城県

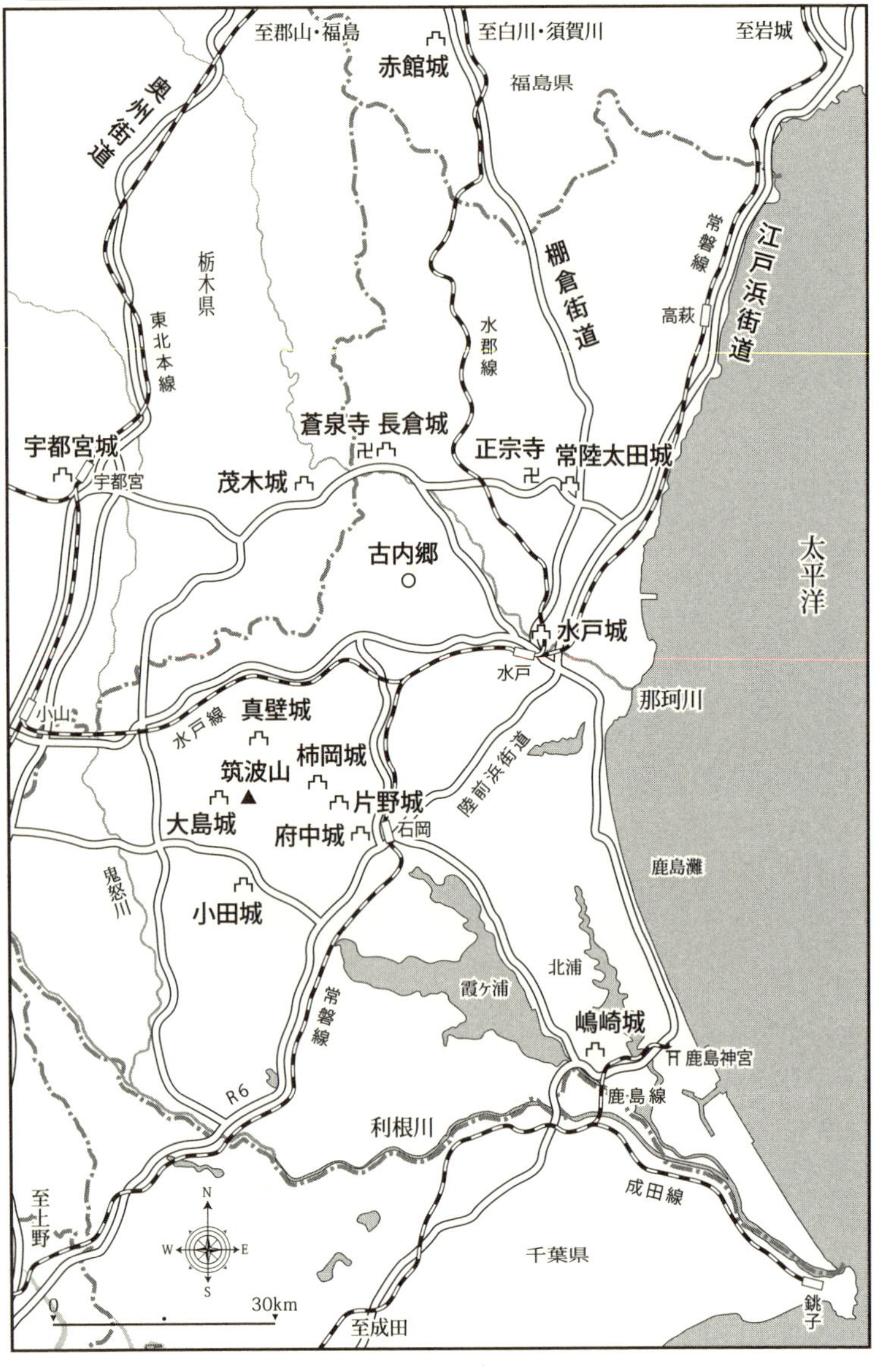

至郡山・福島
至白川・須賀川
至岩城
赤館城
福島県
奥州街道
栃木県
東北本線
棚倉街道
水郡線
常磐線
江戸浜街道
高萩
蒼泉寺
長倉城
正宗寺
常陸太田城
宇都宮城
宇都宮
茂木城
古内郷
太平洋
水戸城
水戸
那珂川
小山
水戸線
真壁城
陸前浜街道
柿岡城
筑波山
片野城
大島城
府中城
石岡
鹿島灘
鬼怒川
小田城
北浦
霞ヶ浦
常磐線
嶋崎城
鹿島神宮
R6
鹿島線
利根川
成田線
至上野
千葉県
0
30km
至成田
銚子

秋田県

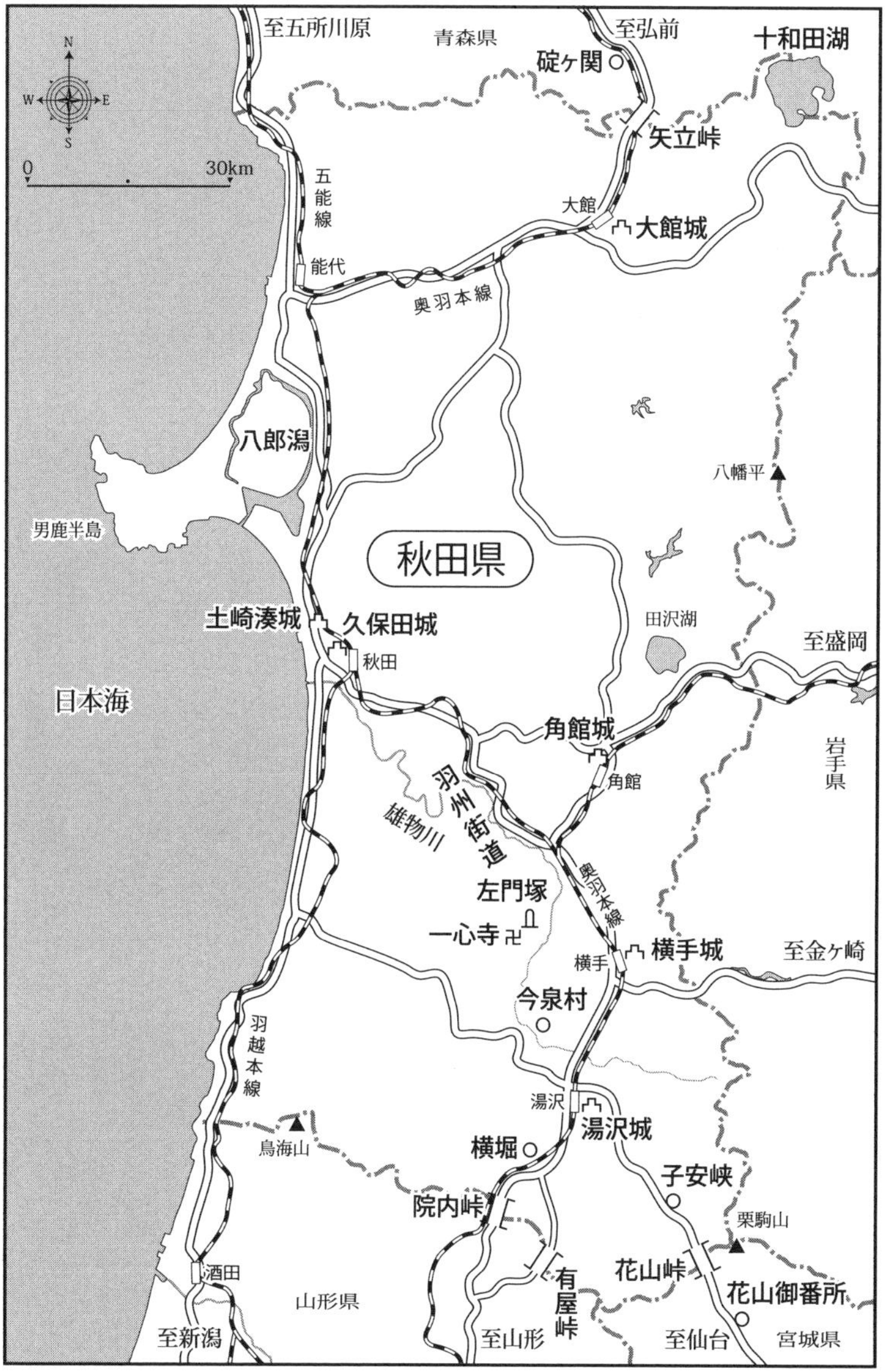
至五所川原
青森県
至弘前
十和田湖
碇ヶ関
矢立峠
五能線
大館
大館城
能代
奥羽本線
八郎潟
八幡平
男鹿半島
秋田県
土崎湊城
久保田城
田沢湖
秋田
至盛岡
日本海
角館城
角館
岩手県
羽州街道
雄物川
奥羽本線
左門塚
一心寺
横手
横手城
至金ヶ崎
今泉村
羽越本線
湯沢
湯沢城
鳥海山
横堀
子安峡
院内峠
栗駒山
酒田
花山峠
有屋峠
花山御番所
山形県
至新潟
至山形
至仙台
宮城県
0
30km

横手

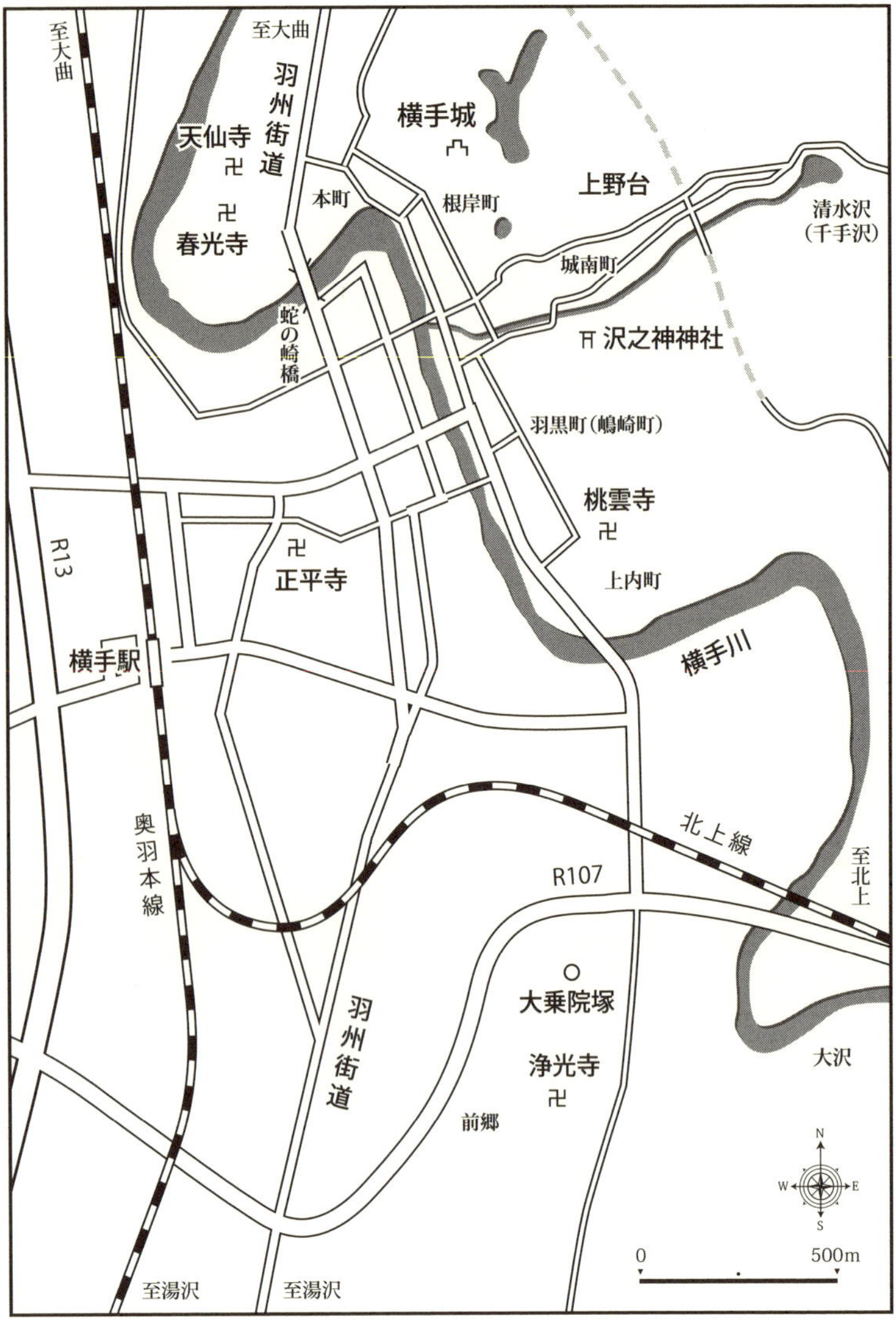

至大曲
至大曲
羽州街道
天仙寺
横手城
春光寺
本町
根岸町
上野台
清水沢
（千手沢）
城南町
蛇の崎橋
沢之神神社
羽黒町（嶋崎町）
桃雲寺
R13
正平寺
上内町
横手駅
横手川
北上線
奥羽本線
R107
至北上
大乗院塚
羽州街道
浄光寺
大沢
前郷
N
W
E
S
0
500m
至湯沢
至湯沢

■引用・参考文献（順不同）

宮城縣史編纂委員会編『宮城縣史1（古代史・中世史）』一九五七

仙台市史編さん委員会編『仙台市史　通史編二　古代中世』二〇〇〇

仙台市史編さん委員会編『仙台市史　通史編三　近世一』二〇〇一

仙台市史編さん委員会編『仙台市史　通史編四　近世二』二〇〇三

仙台市史編さん委員会編『仙台市史　通史編五　近世三』二〇〇四

仙台市史編さん委員会編『仙台市史　資料編一　古代中世』一九九五

仙台市史編さん委員会編『仙台市史　特別編7　城館』二〇〇六

仙臺市史編纂委員會編『仙臺市史一〇　年表・書目・索引篇』一九五六

泉市誌編纂委員会編『泉市誌　上巻』一九八六

泉市誌編纂委員会編『泉市誌　下巻』一九八六

泉市誌編纂委員会編『泉市誌　追録』一九九一

仙台市「宮城町誌」改訂編纂委員会編『宮城町誌（本編）改訂版』一九八八

宮城町誌編纂委員会編『宮城町誌　史料篇』一九六七

米沢市史編さん委員会編『米沢市史　第一巻　原始・古代中世編』一九九七

七ヶ浜町誌編纂委員会編『七ヶ浜町誌』一九六七

仙台藩史料大成『伊達治家記録四』宝文堂　一九七四

仙台藩史料大成『伊達治家記録五』宝文堂　一九七四

伊東信雄編『瑞鳳殿　伊達政宗の墓とその遺品』瑞鳳殿再建期成会　一九七九

小林清治他『東北の戦国時代―伊達氏、仙台への道―』仙台市博物館　一九九九

佐藤憲一他『伊達政宗と家臣たち』仙台市博物館　一九八七

濱田直嗣他『伊達の遺宝』仙台市博物館　一九九〇

仙台市博物館編『仙台市博物館　展示図録』一九八六

嘉藤美代子他『仙台市博物館収蔵資料図録　武器・武具　改訂版』二〇〇六

石垣昭雄編『伊達政宗公ゆかりの寺院（仙台編その一）』宮城文化協会　一九八七

仙台市博物館編『図説　伊達政宗』河出書房新社　一九八六

逸見英夫他『仙台城歴史散策　青葉城の盛衰とロマン』宮城文化協会　一九八八

歴史街道編集部編『伊達政宗』ＰＨＰ研究所　二〇〇九

晋遊舎ムック『独眼竜の野望―伊達政宗の生きざま』晋遊舎　二〇一四

歴史読本昭和六二年新年号『伊達政宗　天下への野望』新人物往来社　一九八七

『ザ・仙台　伊達政宗と杜の都』読売新聞社　一九八六

NHK大河ドラマ・ストーリー『独眼竜政宗』NHK出版　一九八七
NHK大河ドラマ・ストーリー『独眼竜政宗　完結篇』NHK出版　一九八七
佐藤憲一『素顔の伊達政宗』洋泉社　二〇一二
佐藤憲一『伊達政宗の手紙』洋泉社　二〇一〇
中田正光『伊達政宗の戦闘部隊』洋泉社　二〇一三
司馬遼太郎『馬上少年過ぐ』新潮文庫　一九七八
堀野宗俊『大崎八幡宮と瑞巌寺』大崎八幡宮　二〇〇九
佐藤憲一『伊達政宗と手紙』大崎八幡宮　二〇〇九
嘉藤美代子『仙台藩の具足』大崎八幡宮　二〇一二
齋藤潤『伊達氏、仙台への道』大崎八幡宮　二〇一〇
高倉淳他『絵図・地図で見る仙台』今野印刷（株）一九九四
仙台市教育委員会編『甦る遺産　仙台城』一九九一
グラフせんだい『仙台城』仙台市市民局広報課　一九八四
古田義広『仙台城下の町名由来と町割』本の森　二〇一三
歴史的町名等活用推進委員会編『城下町仙台を歩く』仙台市　二〇〇二
米沢市上杉博物館編『上杉家の至宝』二〇〇一
米沢市上杉博物館編『上杉家の至宝　二』二〇〇二
岡本良一『大阪城　櫓・蔵』（改訂版）清文堂　一九九八
石川豊『中世常総名家譜　上巻』暁印書館　一九九一
石川豊『中世常総名家譜　下巻』暁印書館　一九九二
茨城県立歴史館編『茨城の歴史をさぐる』（改訂版）二〇〇九
渡邉喜一編『新編　佐竹氏一門・系図【稿】』東洋書院　二〇〇四
保田光則『新撰陸奥風土記』歴史図書社　一九八〇
今村義孝校注・戸部一憨斎正直『復刻　奥羽永慶軍記』無明社出版　二〇〇五
今村義孝校注・戸部一憨斎正直『奥羽永慶軍記（下）』人物往来社　一九六六
長谷川成一他『青森県の歴史』山川出版社　二〇〇〇
塩谷順耳他『秋田県の歴史』山川出版社　二〇〇一
横山昭男他『山形県の歴史』山川出版社　一九九八
渡辺信夫他『宮城県の歴史』山川出版社　一九九九
丸井佳寿子他『福島県の歴史』山川出版社　一九九七
長谷川伸三他『茨城県の歴史』山川出版社　一九九七
飯沼勇義『知られざる中世の仙台地方』宝文堂出版販売　一九八六
紫桃正隆『みやぎの戦国時代　合戦と群雄』宝文堂　一九九三
紫桃正隆『仙台領の戦国誌―葛西大崎一揆を中心とした―』宝文堂　一九六七
伊達宗弘『みちのくの指導者、凛たり―伊達八百年の歩み』踏青社　二〇〇〇
近江静雄『伊達家臣伝遺聞』本の森　二〇〇六
菅野正道『せんだい歴史の窓』河北新報出版センター　二〇一一
渡辺波光『花山の御番所』仙北鉄道株式会社　一九四〇
渡辺波光『宮城県民謡誌』萬葉堂出版　一九七八
佐々久他『宮城県風土記』旺文社　一九八七

土居輝雄『佐竹史探訪』秋田魁新報社　一九九七
七宮涬三『常陸・秋田　佐竹一族〈新装版〉』新人物往来社　二〇〇七
半田和彦『秋田藩の武士社会』無明社出版　二〇〇六
長岐喜代次『佐竹物語』公人の友社　一九八五
三浦賢童編・則道原著『秋田武鑑（普及版）』無明社出版　二〇〇五
渡部景一『図説　久保田城下町の歴史』無明社出版　一九八三
横手郷土史編纂会編『横手郷土史』東洋書院　一九三三
横手郷土史研究会編『横手郷土史　資料　第七十六号』二〇〇二
横手郷土史研究会編『横手郷土史　資料　第七十九号』二〇〇五
渋谷鉄五郎『久保田藩伊達氏考（一）～（三）』「出羽路」所収　一九七五
国分寛民『國分氏家系』（稿）二〇一四
秋田市立佐竹史料館編『佐竹義宣と秋田新時代』
秋田市立佐竹史料館編『城下町の町割と景観』
森山嘉蔵『安東氏―下国家四百年ものがたり』無明社出版　二〇〇六
百々幸雄他『骨が語る奥州戦国九戸落城』東北大学出版会　二〇〇八
渡辺信夫『みちのく街道史』河出書房新社　一九九〇
河北新報社編集局編『みちのくの宿駅』淡交社　一九六三
渡辺信夫監修『東北の街道―道の文化史いまむかし』東北建設協会　一九九八
高倉淳『仙台領の街道』無明社出版　二〇〇六
藤原優太郎『羽州街道をゆく』無明社出版　二〇〇二
『日本歴史地名大系』平凡社　二〇一三
星亮一『戊辰の内乱』三修社　二〇〇六
神宮滋『戊辰戦争出羽戦線記』無明社出版　二〇〇八
加藤貞仁『戊辰戦争と秋田』無明社出版　二〇〇四
外川淳『戦国大名勢力変遷地図』日本実業出版社　二〇一三
日本武具研究会『武将・剣豪と日本刀』笠倉出版社　二〇〇九
石井進『日本の中世1　中世のかたち』中央公論新社　二〇〇二
山本博文『あなたの知らない　宮城県の歴史』洋泉社　二〇一三
阿部謹也『日本人の歴史意識』岩波新書　二〇〇四
司馬遼太郎『この国のかたち　一～六』文春文庫　一九九三～二〇〇〇
司馬遼太郎『歴史を紀行する』文春文庫　一九七六
司馬遼太郎『余話として』文春文庫　一九七六
司馬遼太郎『以下、無用のことながら』文春文庫　二〇〇四
河北新報社『河北新報のいちばん長い日』文芸春秋　二〇一一

結びにかえて　東日本大震災と慶長三陸大地震

二百万人分の一万二千人

概数だが、平成二十三（二〇一一）年三月十一日午後二時四十六分に発生した東日本大震災における宮城県だけの死亡者数と行方不明者数の合計の県民総数に対する割合である。実に県民約百七十人に一人が犠牲になったことになる。戦争を除けば、過去にこれほどの犠牲者を出した災害を私は知らない。震災後暫くの間、被害の規模のあまりの大きさに誰もが皆押し黙り、現実の状況をひたすら耐え忍んで、震災の経験を思い出さないように、あるいはむしろ早く忘れようとしているかのようにすら見えた。

東京電力の原発事故の被害までも蒙った福島県民の憤りは、尚更に深く重く、忘れようとしても、この先何十年もの間、現実が追いかけてくるだろう。

関東大震災の例を持ち出すまでもなく、震災の直後、公安当局を含む行政の指導者たちが最も恐れたのは、実は地震や津波や原発事故がもたらした社会不安に起因する市民の暴動や無政府状態だったのではないだろうか。事実、震災の翌日から、他の都府県の夥しい数の警察や自衛隊の車両が被災した三県に流入してきた。もっとも、その派遣の名目は災害救助であったには違いないのだが、一方で治安維持もその大きな目的であったと思われるのである。

聞いた話では、複数の被災地で銀行のＡＴＭが破壊されたり、コンビニが破られて商品が持ち出されたり、夜間一人で運転していた車が襲われたりしたという。ただし、そのようなニュースが報道されたのをテレビやラジオで見聞きしたのは稀であった。自主的にか否かは分からないが、震災直後からの報道の規制は徹底しており、民放の広告が一斉に消えたのには、驚くと同時に正直言って何か薄気味悪さを覚えた。「がんばろう東北、がんばろう福島、宮城、岩手」のスローガンに対して、避難所の人々から「これ以上何をがんばればいいんだ?」という醒めた反応があったのも、かえって状況のすさまじさを物語っていよう。日刊紙はもとより週刊誌も手に入らなくなった中、宮城県では、地元紙の『河北新報』が新潟で編集した紙面を、免震構造の印刷工場をいち早く復旧させて、震災当日の号外はもとより翌日の朝刊も欠刊することなく発刊し続けたのは賞賛に値する。

結果的に、幸いにも公安当局の懸念は杞憂に帰した。被災した三県の県民は、外国のメディアが賞賛したように、極めて秩序を保って震災後の窮状に耐えてきた。そして、大切な家族や営々として築いてきた財産を失ったという未曾有の悲しみを、これからも自らの力で乗り越える努力を続けるだろう。

さて、今を去る約四百年前の慶長十六（一六一一）年十月二十八日午後二時頃、岩手県三陸沖を震源としてマグニチュード八・一の大地震が発生した。この地震による直接の震害はさほど大きくはなかったようだが、巨大な津波が三陸海岸を襲った。その最大波高は十五メートルから二十メートルに達し、浸水域は今回の津波にほぼ重なる。岩手県（盛岡藩領）の田老の波高が最も高くて十五から二十メートル、宮古で六から八メートル、越喜来《おきらい》で八から十メートル、宮城県（仙台藩領）の岩沼で六から八メートル、山元で五から六メートルに達した。この津波による被害として、仙台藩領内で死者千七百八十三人、牛馬の溺死したもの八十五匹、盛岡藩、津軽藩の海岸で「人馬死んだもの三千余」という記録が残されている。このときの津波は北海道の南東岸にも達して、アイヌの人たちが多数溺死したと言われている。

この十月四日には、セバスティアン・ビスカイノが仙台に来ていた。彼は徳川家康から日本沿岸の測量の許可を得ていて、このときには、乗船してきたサンフランシスコ二世号は浦賀に係留して、奥州沿岸の測量をするために陸路仙台に来たものと思われる。そして、六日には新築なった仙台城で伊達政宗に謁見して饗応されている。ビスカイノは、著書『ビスカイノ金銀島探検報告』の中で、仙台城のことを次のように評している。

「城は日本の最も勝れ、最も堅固なるものの一つにして、水深き川に囲まれ断崖百身長を超えたる巌山に築かれ、入口は唯一つにして、大きさ江戸と同じくして、家屋の構造は之に勝りたる町を見下し、また2レグワを距てて数レグワの海岸を望むべし」

ビスカイノの評価を待つまでもなく、仙台城の堅固さは明らかである。だから、この城を国分盛重から「奪い取って」居城にした政宗の見る目は確かだったと言えよう。中世の宮城では、千体城（千代城）は国分氏の居城であり、伊達盛重も、国分盛重の時代にここに住んでいたことがあった。そのような歴史は、伊達氏によってきれいに消し去られてしまったのだが、先年の本丸石垣の改修工事で、国分氏時代の遺構が陽の目を見た。伊達氏がうまく隠したつもりの先人の痕跡が、現代になって明らかになったのである。

ところで、ビスカイノであるが、十月二十三日から仙台藩が用意した船に乗って三陸海岸の測量を始めた。そして、二十八日に越喜来沖を航海中にこの慶長三陸大地震の大津波に遭遇したが、幸いにも無事だったと言われている。もしも乗っていた船がサンフランシスコ二世号だったら、この大津波であるいは転覆していたかもしれない。

このサンフランシスコ二世号は、当時ヨーロッパで遠洋航海に用いられていたガレオン船だったと思われる。このガレオン船という帆船は、吃水が浅いために速度は出るが、安定性に欠け、転覆もしやすかったと言われている。そのことは、政宗の命で支倉常長がローマに赴いたときに、太平洋を往復するのに使ったサン・ファン・バウティスタ号（約五百トン）の復元船を見れば容易に想像がつく。この復元船は石巻の「サン・ファン館」に係留されているが、ちょっとした横波でも、すぐにも転覆しそうな船型をしている。実は、このサン・ファン・バウティスタ号の建造の指導をしたのがビスカイノだった。

東日本大震災の大津波によって多数の現代の船が陸に打ち上げられたり、転覆したりして、多くの犠牲者が出たことを考えると、ほぼ同じ規模の津波に襲われたであろうビスカイノが、江戸時代初期の日本の船で無事だったのは、奇跡としか思えない。

この慶長三陸大地震による震害は大きくはなかったと言われてはいるが、「仙台城石壁櫓等破損し」たという記録が残っている。東日本大震災でも、仙台城の石垣が崩れたり、長塀が壊れたりといった被害が生じた。まさしく慶長三陸大地震の被害もかくやと思わせるものがあった。

さて、その慶長の大地震のときには、伊達盛重がいた横手城もかなり揺れたに違いない。仙台藩の被害の情報を耳にした盛重は、かつての恩讐を越えて、政宗に見舞状をしたためた、と思いたい。

ところで、本稿を通じて私はどこまで伊達盛重の実像に迫れたのであろうか。元々資料が少なく群盲撫象の感を否めないが、本稿を叩き台にしてあとは読んでいただいた方が想像力を働かせて、それぞれの盛重像を形作っていただければ、著者としては望外の喜びである。

【謝辞】


稿を終えるにあたり、これまでご助力をいただいた方々に、ここで謝意を表したい。

特に、五年余の間「むしばのつぶやき」を掲載していただき、有意義なご助言をいただいた『楽園倶楽部』のオーナー兼編集長岩渕滋氏には、更に本にまとめることを奨められ、その精神的きっかけを作っていただいた。

また、寒河江市の熊建山平塩寺ご住職渡邊良仁師と、伊賀重吉の末裔桂島雄三郎氏には貴重な資料を複写させていただいた。これらの文献がなかったら、本稿を書き進めることはできなかった。

中世の日本史を研究されている長沢伸樹氏には、読めずに困惑していた古文書を翻刻していただき、推論の裏づけとすることができた。

現代書館の菊地泰博氏とスタッフ諸兄には、仕事が遅れがちになる私を叱咤していただき、本作りに対する厳しい姿勢を教えていただいた。

そして、休日には「にわか作家」になってしまう私を様々に支えてくれ、時には取材旅行にも同行してくれた妻子に感謝の意を表したい。

古内泰生（ふるうち・やすお）

宮城県仙台市生まれ。宮城県仙台第一高等学校卒。東北大学経済学部卒。東北大学歯学部卒。東北大学大学院歯学研究科（口腔外科学）修了歯学博士（東北大学）。公益社団法人日本口腔インプラント学会認定　口腔インプラント専門医。現在 古内歯科クリニック院長（仙台市）。著書『インプラント治療計画・再点検―長期成功のポイントを考える―』医学情報社 二〇〇五（共著）、『インプラント治療と医療安全【チーム医療としての安全・安心マニュアル】』医学情報社 二〇一二（共著）

政宗《まさむね》が殺《け》せなかった男《おとこ》
――秋田の伊達さん

二〇一四年十月十日　第一版第一刷発行

著　者　古内泰生
発行者　菊地泰博
発行所　株式会社現代書館
東京都千代田区飯田橋三―二―五
郵便番号　102-0072
電　話　03（3221）1321
ＦＡＸ　03（3262）5906
振　替　00120-3-83725
組　版　デザイン・編集室エディット
印刷所　平河工業社（本文）
東光印刷所（カバー）
製本所　積信堂
装　幀　伊藤滋章

編集協力・黒澤務／地図制作・曽根田栄夫

 ISBN978-4-7684-5744-3

http://www.gendaishokan.co.jp/

現代書館

高橋克彦 著
東北・蝦夷《えみし》の魂

阿弖流為（あてるい）対坂上田村麻呂から戊辰戦争まで、中央政権に何度も蹂躙され続け、そして残された放射能。しかし「和」の精神で立ち上がる東北人へ、直木賞作家からのメッセージ。著者がこれまでに書いてこなかった歴史秘話満載。

1400円＋税

林 洋海 著
十二歳の戊辰戦争

戊辰戦争には多くの少年兵が戦場に駆り出されている。彼らは大人に伍して戦い、戦場に散った。二本松少年隊・少年新選組・衝鋒隊少年隊士・白虎隊・長州干城隊少年隊士など、少年兵の聞き書きを、現代文で読みやすくした記録と時代背景。

2000円＋税

宇根 豊 著
農本主義が未来を耕す
自然に生きる人間の原理

現代の「農本主義」とは何か。土に、田畑に動植物。それらと共に生きることに人間の体と生活を委ね、喜びも哀しみも抱きしめ生きていく。この営みを「農」と名付け、その原理を「農本主義」と提唱する。ポスト経済至上社会の書。

2300円＋税

堀江邦夫 著
原発ジプシー［増補改訂版］（2011年刊）
被曝下請け労働者の記録

美浜・福島・敦賀で原発下請労働者として働いた著者が体験したものは、放射能に肉体を蝕まれ「被曝者」となって吐き出される棄民労働の全てだった。原発労働者の驚くべき実態を克明に綴った告発ルポルタージュ。オリジナル完全収録版！。

2000円＋税

毎日新聞夕刊編集部 編
〈3・11後〉忘却に抗して
識者53人の言葉

高村薫、内田樹、辻井喬、吉本隆明、津本陽、姜尚中、小熊英二、辺見庸、半藤一利、高橋源一郎、関川夏央、柄谷行人、平野啓一郎、佐野眞一、落合恵子、池澤夏樹、東浩紀、玄侑宗久、中島岳志、和合亮一、平田オリザの懸命なメッセージ。

1700円＋税

シリーズ 藩物語（全国二七〇藩刊行中）

江戸時代、「藩」と呼ばれる半独立公国が各地にあり、それぞれの文化と人材を育成していた。その「藩」独自の家風や文化を探り、そこに住む人々の暮らしを中心に、「藩」の成立から瓦解までの物語とその藩の特色、その後の人材を追うシリーズ。

1600円＋税

定価は二〇一四年十月一日現在のものです。